Ab 8. Schuljahr

Michael Freund

Fundamentalismus

Bedrohung für die Demokratie?

Geschichtliche und politische Entwicklungen

www.kohlverlag.de

Fundamentalismus
Bedrohung für die Demokratie?

1. Auflage 2022

Inhalt: Michael Freund
Coverbild: © SimpLine & fusolino - AdobeStock.com
Redaktion: Kohl-Verlag
Grafik & Satz: Kohl-Verlag
Druck: farbo prepress GmbH, Köln

Bestell-Nr. 12 972

ISBN: 978-3-98558-837-4

alle Bilder © AdobeStock.com

S. 6: Tomislav; S. 8: Trueffelpix, Daniel Berkmann; S. 9: maximmmmum; S. 10: Daniel Bergmann; S. 11: Torbz; S. 13: pamela_d_mcadams; S. 14: ngupakarti; S. 15: strichfiguren.de; S. 16: hkama; S. 17: Imagewriter; S. 18: Corey; S. 19: evilinside; S. 20: pamela_d_mcadams; S. 21: Andreichenko; S. 23: savcoco, Xavier; S. 25: nsit0108; S. 26: ii-graphics; S. 28: TeacherPhoto; S. 34: Lulla; S. 37: snyGGG;

Der vorliegende Band ist eine Print-Einzellizenz

Sie wollen unsere Kopiervorlagen auch digital nutzen? Kein Problem – fast das gesamte KOHL-Sortiment ist auch sofort als PDF-Download erhältlich! Wir haben verschiedene Lizenzmodelle zur Auswahl:

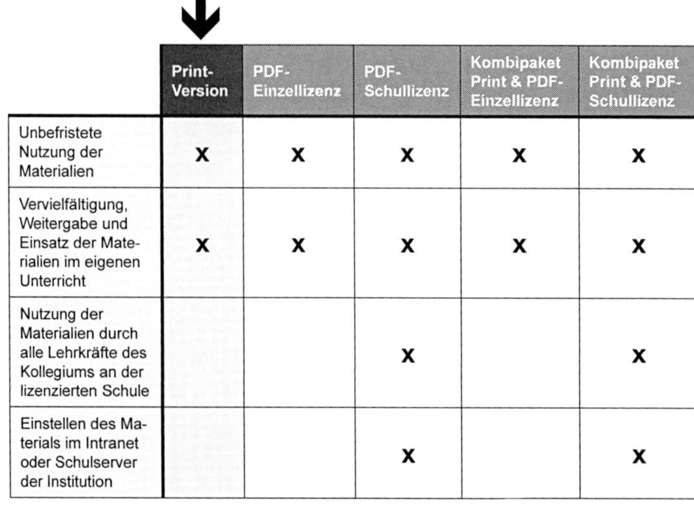

	Print-Version	PDF-Einzellizenz	PDF-Schullizenz	Kombipaket Print & PDF-Einzellizenz	Kombipaket Print & PDF-Schullizenz
Unbefristete Nutzung der Materialien	x	x	x	x	x
Vervielfältigung, Weitergabe und Einsatz der Materialien im eigenen Unterricht	x	x	x	x	x
Nutzung der Materialien durch alle Lehrkräfte des Kollegiums an der lizenzierten Schule			x		x
Einstellen des Materials im Intranet oder Schulserver der Institution			x		x

Die erweiterten Lizenzmodelle zu diesem Titel sind jederzeit im Online-Shop unter www.kohlverlag.de erhältlich.

Inhalt

Fundamentalismus
Bedrohung für die Demokratie – **Bestell-Nr. 12 972**

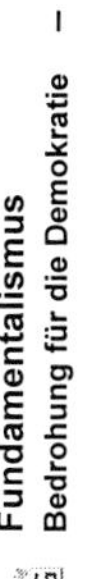

Einleitung und didaktische Hinweise

In den letzten Jahren und Jahrzehnten haben verschiedene fundamentalistische Gruppierungen die Demokratie attackiert, um ihre ideologischen und/oder religiösen Überzeugungen in die Tat umzusetzen. Al-Qaida, der Islamischen Staat, Abu Sayyaf oder die Lord's Resistance Army sind nur ein paar Organisationen, die demokratiefeindlich und intolerant agieren und durch extrem hohe Gewaltbereitschaft immenses Konfliktpotenzial vorweisen.

Aber wie wird aus einer friedlichen Religion eine anti-demokratische Ideologie, die Menschenrechte ablehnt und die westlichen Ideale von Freiheit und Gleichheit anzweifelt? Welche Motive haben Fundamentalisten? Was zeichnet Fundamentalismus aus? Woran glauben Fundamentalisten? Welche Gefahren bergen diese radikalen Überzeugungen? Wie kann man Fundamentalismus begegnen oder gar bekämpfen? Diese und viele weitere Fragen werden in diesem Werk erörtert.

Der Aufbau gliedert sich in zwei Teile: Im Abschnitt *Grundlagen* werden grundsätzliche Informationen, Ansichten und Erkenntnisse vermittelt, welche im Abschnitt *Vertiefung* erweitert, angewandt und intensiviert werden.

Die einzelnen Themen haben eine einheitliche Struktur, die eine Rhythmisierung des Unterrichts begünstigt. Dabei ermöglicht die Abfolge der Arbeitsaufträge eine Stundenartikulation, die neben der Erarbeitung neuen Wissens und Kompetenzerwerb, Phasen der Sicherung („Alles klar?!") und des Transfers bzw. der Anwendung enthält („Weiter gedacht!").

Der Umfang der Arbeitstexte ist tendenziell eher knapp gehalten, die Sprache klar und verständlich. Dadurch soll allen Schülerinnen und Schülern der Sekundarstufe I ein Zugang zu dieser komplexen Thematik eröffnet werden. Durch motivierende Zusatzaufgaben (gekennzeichnet mit ★) für schnellere Schülerinnen und Schüler wird der Heterogenität im Klassenzimmer angemessen begegnet.

Als Sozialformen kommen Einzel-, Partner- und Gruppenarbeiten zum Einsatz, um individualisiertes Lernen ebenso wie kooperatives und kollaboratives Arbeiten zu fördern und die Kommunikationskompetenz zu entwickeln.

Bei der Methodenwahl wird auf Abwechslungsreichtum und optimale Passung geachtet.

Insgesamt wird ein interdisziplinärer Ansatz verfolgt, bei dem die fachlichen Disziplinen Religionslehre/Ethik, Psychologie und Politische Bildung einen Beitrag zur ganzheitlichen Erörterung dieses anspruchsvollen Themas beitragen.

Viel Freude beim Einsatz des vorliegenden Materials wünschen Ihnen der Kohl-Verlag und

Michael Freund

1 Was versteht man unter „Fundamentalismus“?

Aufgabe 1: *Was fällt dir zum Begriff „Fundamentalismus“ ein?*

a. Findet euch in 3er- oder 4er-Gruppen zusammen.

b. Teilt den Papierbogen so auf, dass jeder ein eigenes Feld hat und zusätzlich ein freies Feld in der Mitte entsteht.

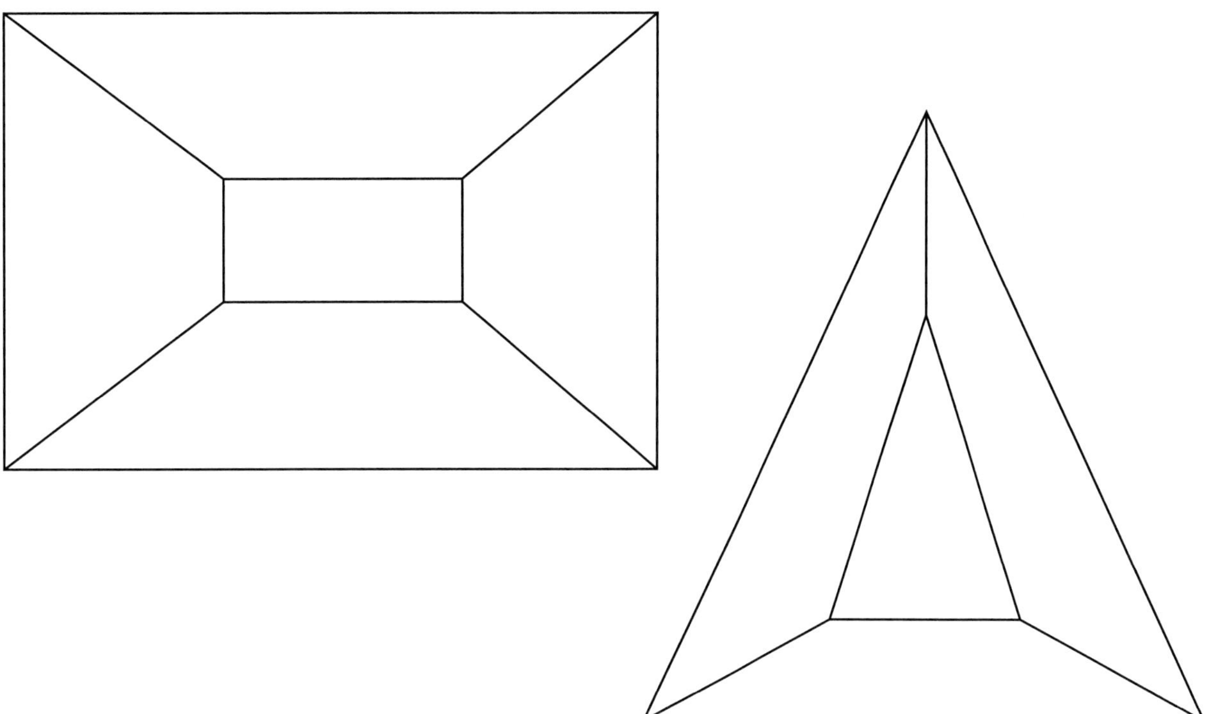

c. Denke für dich alleine über die Aufgabe nach und notiere deine Überlegungen in deinem Feld.

d. Dreht den Bogen so, dass jeder ein anderes Feld vor sich hat. Lest, was in diesem Feld steht und ergänzt oder kommentiert die Ideen. Dies wiederholt ihr so oft, bis jeder wieder sein eigenes Feld vor sich hat.

e. Lest alle Ergänzungen und Kommentare durch.

f. Einigt euch nun auf ein gemeinsames Gruppenergebnis und notiert es in dem mittleren Feld des Papierbogens.

g. Ein Gruppenmitglied präsentiert das Ergebnis vor der Klasse.

1 Was versteht man unter „Fundamentalismus“?

Unter Fundamentalismus versteht man eine bestimmte Weltanschauung, bei der ganz starr an bestimmten Grundsätzen festgehalten wird. Diese Überzeugungen können religiöser oder politischer Art sein. „Fundamentum“ ist das lateinische Wort für „Unterbau“. Das Fundament bilden die besagten Einstellungen. Alle weiteren Entscheidungen und Sichtweisen leiten sich von diesem Unterbau ab.

Fundamentalisten halten, wie gesagt, starr an ihren Grundsätzen fest. Diese liefern Antworten auf Fragen, die sich im Alltag stellen. Fundamentalisten passen sich nicht an und reagieren stur auf Ereignisse. Änderungen und Neuerungen sind für Fundamentalisten eine Bedrohung und werden abgelehnt. Auch gegenüber Menschen, die andere Überzeugungen und Ansichten haben, sind sie sehr skeptisch eingestellt. Da Fundamentalisten auf alle Lebensfragen bereits eine Antwort haben, ist es sehr schwierig mit ihnen zu diskutieren oder sie durch Argumente von ihren Ansichten abzubringen. Daher sehen sich Fundamentalisten häufig im Konflikt mit Andersdenkenden. Teilweise werden diese Meinungsverschiedenheiten auch durch die Anwendung von Gewalt ausgetragen. Fundamentalisten, die aggressiv sind und vor Gewaltanwendung nicht zurückschrecken, bezeichnet man als „fanatisch“. Für Menschen, die andere Meinungen, Überzeugungen und Interessen haben, können solche fanatische Fundamentalisten sehr gefährlich werden.

Grundsätzlich sind Fundamentalisten konservativ, sie möchten also Werte und Überzeugungen beibehalten und diese nicht abändern.

Die meisten Fundamentalisten lehnen eine freiheitliche, demokratische Staatsordnung ab, da in einer Demokratie viele verschiedene Meinungen, Überzeugungen, Werte und Weltanschauungen einen festen Platz haben.

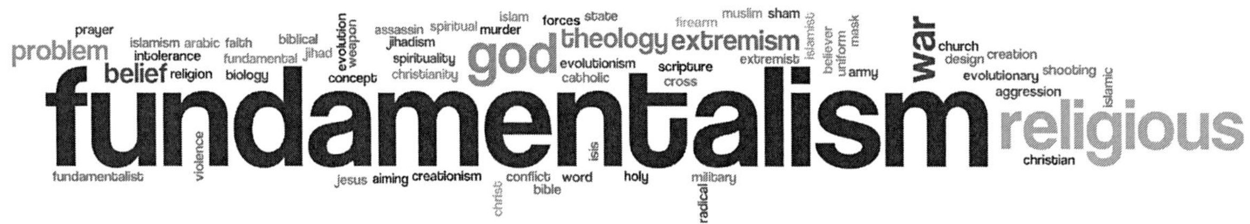

Aufgabe 1: *Lies den Text aufmerksam durch und markiere wichtige Informationen!*

Aufgabe 2: *Beantworte die folgenden Fragen schriftlich. Vergleiche deine Ergebnisse anschließend mit deinem Partner! Verbessere ggf. Falsches und ergänze Fehlendes!*

a. Woher stammt das Wort „Fundamentalismus“?

b. Was zeichnet Fundamentalismus aus?

c. Was lehnen Fundamentalisten ab?

Aufgabe 3: *Kennst du fundamentalistische Gruppen (z. B. aus dem Internet oder vom Fernsehen)? Was weißt du über diese Gruppen? Notiere deine Erfahrungen!*

★ **Aufgabe 4:** *Was passiert mit einem gut gebauten Haus, bei dem das Fundament brüchig ist und auseinanderfällt? Beschreibe!*

1 Was versteht man unter „Fundamentalismus“?

Aufgabe 5: *Verbinde alle Erkennungsmerkmale fundamentalistischer Gruppen mit dem Wort Fundamentalismus!*

Alles klar?!

Verteidigung der Demokratie

Wunsch, andere Menschen zu überzeugen

Ansicht, dass es nur „Freunde“ oder „Feinde“ gibt

ungläubig gegenüber wissenschaftlicher Erkenntnis

stures Festhalten an bestimmten Werten

FUNDAMENTALISMUS

sachliche Diskussion, bevor Entscheidungen getroffen werden

Bereitschaft, Kompromisse zu schließen und nachzugeben

Glaube an die „eine Wahrheit“

Anerkennung von Meinungsvielfalt

Bereitschaft, Gewalt anzuwenden

Aufgabe 6: *Notiere wichtige Begriffe zum Thema! Erweitere das Mindmap, wenn du mehr zum Thema weißt!*

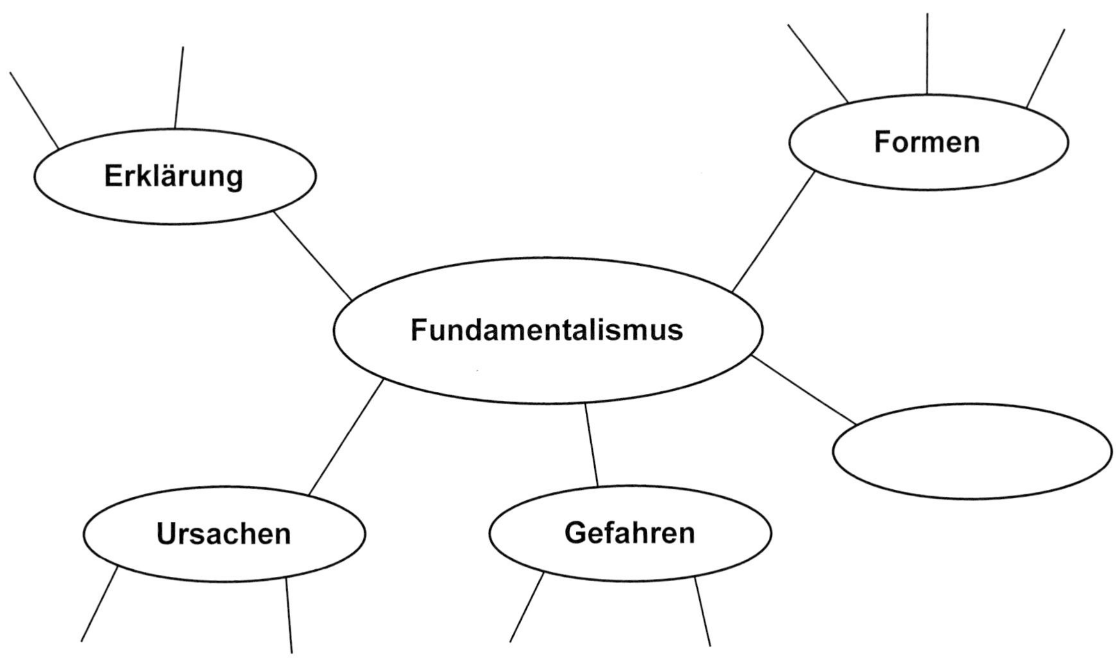

Fundamentalismus
Bedrohung für die Demokratie – Bestell-Nr. 12 972
KOHL VERLAG

1 Was versteht man unter „Fundamentalismus“?

Weiter gedacht!

Fundamentalisten halten an ganz bestimmten Überzeugungen fest. Diese sind starr und unveränderlich. Menschen, die ihre Weltanschauung nicht teilen, werden als Bedrohung wahrgenommen. Teilweise werden sie als „Feinde“ auch bekämpft.
Für Fundamentalisten gibt es nur „eine“ Wahrheit. Wer diese Wahrheit nicht teilt, der irrt sich.

Aufgabe 7: *Welche Folgen kann es haben, wenn sich viele Menschen einer bestimmten fundamentalistischen Gruppe anschließen? Diskutiere mit deinem Partner!*

___

___

___

Aufgabe 8: *Bereitet eine kurze Präsentation vor, in der ihr drei mögliche Folgen vorstellt! Diskutiert anschließend in der Klasse, ob diese Folgen realistisch sind!*

Aufgabe 9: *Stellt euch in einer Positionslinie auf, ob ihr der Meinung seid, dass Fundamentalismus gefährlich ist! Wichtig ist, dass ihr eure Position begründet!*

Tipp: Die Positionslinie geht von einem Teil des Klassenzimmers bis zum gegenüberliegenden Teil bzw. von „vollkommen ungefährlich“ bis „sehr gefährlich“!

KOHL VERLAG
Fundamentalismus
Bedrohung für die Demokratie ▪ Bestell-Nr. 12 972

2 Welche Fundamentalisten gibt es?

Fundamentalisten sind Menschen, die ganz starr an bestimmten Überzeugungen und Einstellungen festhalten. Diese bilden die Grundlage für ihr Weltbild. Sie können politischer oder religiöser Art sein. Religiöse Fundamentalisten orientieren sich an religiösen Schriften.

So gibt es christliche Fundamentalisten, die die Bibel wörtlich nehmen. Sie versuchen ihr Leben ganz nach den Vorgaben der Bibel auszurichten und sie wünschen sich in eine Welt, die es zu „biblischen“ Zeiten gab.

Ähnlich verhält es sich bei islamischen Fundamentalisten, die den Koran als Richtschnur für ihr Leben betrachten. Diese Gruppen nennt man „Islamisten“. Sie wollen einen Gottesstaat errichten. Bei ihnen wird eine Trennung zwischen Staat und Religion aufgehoben.

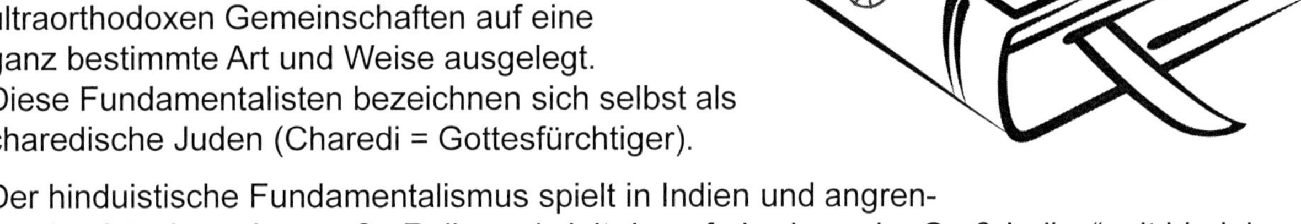

Auch die jüdische Religion wird von ultraorthodoxen Gemeinschaften auf eine ganz bestimmte Art und Weise ausgelegt. Diese Fundamentalisten bezeichnen sich selbst als charedische Juden (Charedi = Gottesfürchtiger).

Der hinduistische Fundamentalismus spielt in Indien und angrenzenden Ländern eine große Rolle und zielt darauf ab, dass ein „Groß-Indien“ mit hinduistischer Staatsreligion geschaffen wird.

Diese fundamentalistischen Gruppen sind aber nicht alle eine Einheit, bei der die Angehörigen zusammengehören. Es ist eher so, dass es viele verschiedene Gruppen gibt, deren Einstellungen teilweise miteinander in Wettstreit stehen.

Aufgabe 1: *Lies den Text aufmerksam durch und markiere wichtige Informationen!*

Aufgabe 2: *Benenne die vier fundamentalistischen Gruppen, die im Text benannt werden!*

1. ____________________

2. ____________________

3. ____________________

4. ____________________

Aufgabe 3: *Beschreibe Gemeinsamkeiten und Unterschiede dieser Gruppen! Vergleiche anschließend deine Ergebnisse mit deinem Partner!*

Aufgabe 4: *Erweitere dein Mindmap zum Thema „Fundamentalismus“!*

★ **Aufgabe 5:** *Was verbindest du mit den verschiedenen fundamentalistischen Gruppierungen, die im Text vorkommen? Notiere deine Gedanken!*

Fundamentalismus
Bedrohung für die Demokratie – Bestell-Nr. 12 972

2 Welche Fundamentalisten gibt es?

Alles klar?!

Aufgabe 6: *Kreuze an, ob die folgenden Aussagen wahr oder falsch sind. Stelle falsche Aussagen anschließend richtig!*

	wahr	**falsch**
a. Alle Fundamentalisten glauben an eine Religion.		
b. Fundamentalistische Überzeugungen sind immer religiös.		
c. Es gibt auch christliche Fundamentalisten.		
d. Islamische Fundamentalisten bezeichnet man als Islamisten.		
e. Der hinduistische Fundamentalismus spielt in Indien eine große Rolle.		
f. Alle Muslime wollen einen Gottesstaat errichten.		
g. Jüdische Fundamentalisten stellen eine einheitliche Gruppe dar.		

Weiter gedacht!

Fundamentalisten halten an ihren Überzeugungen starr fest. Diese sind häufig in religiösen Schriften enthalten, welche für die Fundamentalisten heilig sind. Als „Wort Gottes" werden sie häufig wörtlich genommen.

Betrachtet man beispielsweise die christliche Bibel, die vor ca. 1500 Jahren fertig zusammengestellt wurde („kanonisiert"), so wurde diese von verschiedenen Verfassern geschrieben, die zu unterschiedlichen Zeiten gelebt haben.

Folglich ergeben sich unter anderem folgende Fragen:

- Können alle Aussagen in religiösen Schriften wörtlich genommen werden?
- Haben die Verfasser heiliger Schriften in die Zukunft geblickt?
- Liefern einzelne Textstellen Antworten auf aktuelle Lebensfragen, ohne dass man selbst darüber nachdenken muss?

Aufgabe 7: *Diskutiert diese Fragen in der Klasse!*

(Notizen) ____

____

____

____

____

KOHL VERLAG
Fundamentalismus
Bedrohung für die Demokratie – Bestell-Nr. 12 972

3 Warum werden manche Menschen zu Fundamentalisten?

Jeder Fundamentalist hat einen ganz eigenen Lebenslauf, insofern kann man nicht allgemein sagen, warum Menschen zu Fundamentalisten werden.

Bei vielen Fundamentalisten ist es aber so, dass ihnen das Leben im Hier und Jetzt zu viele Entscheidungen abverlangt. Die Welt ist sehr komplex und man weiß oft nicht, woran man sich orientieren soll. Und genau hier setzt der Fundamentalismus an: Auf alle Fragen gibt es einfache Antworten. Bei Entscheidungen gibt es nur noch „richtig“ und „falsch“. Richtiges Verhalten kann man lernen und üben, man muss sich nur an den Glaubensgrundsätzen orientieren. Da man nicht mehr so viel nachdenken muss, ist das Leben auch bedeutend einfacher. Zudem gibt es in der Gruppe klare Regeln und Vereinbarungen, die Halt und Orientierung geben.

Menschen, die mit ihrem Leben unzufrieden sind, die frustriert, traurig, enttäuscht, verbittert, wütend oder zornig sind, neigen eher zu fundamentalistischen Einstellungen. Wenn sie sich dem Fundamentalismus anschließen, gehören sie zu einer Gruppe dazu und werden angenommen. Wenn sie sich so verhalten, wie es diese fundamentalistische Gruppierung vorsieht, dann handeln sie automatisch richtig, was sehr beruhigend sein kann.

Eine weitere Erklärung dafür, warum Menschen zu Fundamentalisten werden, ist, dass es auf der Welt viele ungelöste Probleme gibt und das Leben häufig mit Leid verbunden ist. Fundamentalisten sind der festen Überzeugung, dass alles gut wird, wenn ihre Ziele erreicht wurden. Sie sehen sich selbst als Teil einer „großen Bewegung“, die das Wahre und Richtige tut.

Aufgabe 1: *Lies den Text aufmerksam durch und markiere wichtige Informationen!*

Aufgabe 2: *Benenne Gründe, warum Menschen zu Fundamentalisten werden. Erstellt in Partnerarbeit Wortkarten und bereitet eine Präsentation vor!*

____

____

Aufgabe 3: *Erweitere dein Mindmap zum Thema „Fundamentalismus“!*

★ **Aufgabe 4:** *Gibt es noch weitere Vorteile, die eine fundamentalistische Überzeugung mit sich bringt? Notiere deine Gedanken!*

____

____

____

KOHL VERLAG Fundamentalismus Bedrohung für die Demokratie – Bestell-Nr. 12 972

3 Warum werden manche Menschen zu Fundamentalisten?

Alles klar?!

Aufgabe 5: *Kreuze die richtige(n) Antwort(en) an!*

a. *Diese Gefühlszustände führen oft dazu, dass man eine fundamentalistische Einstellung entwickelt:*

O *erfolgreich*
O *lebensfroh*
O *frustriert*
O *traurig*
O *mutig*
O *offen*
O *neugierig*
O *verbittert*

b. *In Lebensfragen gibt es im Fundamentalismus viele verschiedene:*

O *Entscheidungsmöglichkeiten*
O *einfache Entscheidungen (ein Handeln ist richtig oder falsch)*

c. *In fundamentalistischen Gruppen verhalten sich alle:*

O *gleich*
O *jeder individuell*

Weiter gedacht!

Häufig werden Menschen zu Fundamentalisten, die mit ihrem Leben in irgendeiner Form nicht zufrieden sind.

Aufgabe 6: *Wie könnte man Menschen begegnen, denen es nicht „gut" geht und die unzufrieden sind? Sammelt Ideen und Vorschläge! Diskutiert diese in der Klasse!*

Aufgabe 7: *Wer oder was hilft dir persönlich weiter, wenn du unzufrieden bist? Erstelle ein Akrostichon!*

H ______________________________

I ______________________________

L ______________________________

F ______________________________

E ______________________________

KOHL VERLAG Fundamentalismus Bedrohung für die Demokratie – Bestell-Nr. 12 972

4 Ist Fundamentalismus gefährlich?

Fundamentalisten haben auf alle Fragen des Lebens stets eine Antwort bereit, die sich von ihren Grundüberzeugungen herleiten lässt. Dieses Fundament ist unveränderlich und starr. Da die Befolgung der Dogmen (= Glaubenssätze/Überzeugungen) für einen Fundamentalisten zur Pflicht gehört, sind Konflikte mit Andersdenkenden vorprogrammiert. Da Fundamentalisten teilweise von ihrer Einstellung so sehr überzeugt sind, dass sie keine anderen Meinungen zulassen, läuft es in diesen Fällen auf einen Kampf zwischen „Gut" und „Böse" hinaus.

Die Grundlage des Fundamentalismus ist zwar religiöser Art, aber eine Aufhebung zwischen Staat und Religion ist vielfach erforderlich, da das religiöse Fundament alle Lebensbereiche umfassen soll. Somit stehen viele Fundamentalisten „auf Kriegsfuß" mit der Demokratie. In den meisten Demokratien gelten Menschenrechte für alle Menschen. Überzeugte Fundamentalisten lehnen viele Menschenrechte ab, wie z. B. das Recht auf Glaubensfreiheit. Um ihre Ziele zu erreichen, schrecken fanatische Fundamentalisten häufig auch vor Gewalt nicht zurück. Im Gegenteil, Fundamentalisten sind der festen Überzeugung, dass sie das Richtige tun und für ihr Handeln in irgendeiner Form belohnt werden.

Wahre Fundamentalisten können in der Regel auch nicht „bekehrt" werden, da die Wahrheiten, an die sie glauben, ebenfalls unveränderlich sind. Eine Abkehr von diesen Überzeugungen wäre eine Abkehr von der Wahrheit und vom Guten. Diskussionen sind teilweise überflüssig, aber sollten trotz allem nicht aufgegeben werden.

Fundamentalisten unterwerfen sich in ihrer Gruppe häufig Führern, die eine klare Linie vorgeben. Die Interessen des Einzelnen sind weniger wichtig als die Interessen der Gruppe. Auch die Anwendung von Gewalt wird vielfach verlangt.

Aufgabe 1: *Lies den Text aufmerksam durch und markiere wichtige Informationen!*

Aufgabe 2: *Notiere stichpunktartig, welche Gefahren im Fundamentalismus liegen! Erstellt anschließend in Partnerarbeit ein Plakat mit dem Titel „Gefahren des Fundamentalismus"!*

____

____

____

____

____

★ **Aufgabe 3:** *Erweitere dein Mindmap zum Thema „Fundamentalismus"!*

KOHL VERLAG Fundamentalismus Bedrohung für die Demokratie – Bestell-Nr. 12 972

4 Ist Fundamentalismus gefährlich?

Aufgabe 4: *Kreuze an, ob die folgenden Aussagen wahr oder falsch sind!*

Alles klar?!

	wahr	falsch
a. Der Glaube an Gott ist eine Gefahr.		
b. Religiöse Fundamentalisten zeigen meist Toleranz.		
c. Fundamentalisten fühlen sich von Andersdenkenden bedroht.		
d. Fundamentalistische Gruppierungen lehnen die Demokratie als Herrschaftsform ab.		
e. Diskussionen mit Fundamentalisten sind meist sehr ertragreich.		
f. Die Interessen der Gruppe sind bei Fundamentalisten wichtiger als die Interessen des Einzelnen.		

Weiter gedacht!

In einer Gesellschaft leben verschiedene Menschen zusammen, die allesamt unterschiedlich sind. In der westlichen Welt geht man davon aus, dass alle Menschen gleichwertig sind und eine Würde besitzen.

Aufgabe 5: *Beschreibe, wie sich extreme Fundamentalisten gegenüber der Demokratie möglicherweise verhalten werden. Diskutiere mit deinem Partner!*

Aufgabe 6: *Überlege gemeinsam mit deinem Partner, wie sich Demokratien vor gewaltbereiten Fundamentalisten schützen können. Notiert Stichpunkte.*

Aufgabe 7: *Diskutiere mit deinem Partner, ob es für eine demokratische Gesellschaft gefährlicher ist, wenn Fundamentalisten gewaltbereit sind oder wenn sie Gewalt ablehnen, dafür aber viel Zustimmung haben.*

KOHL VERLAG Fundamentalismus – Bedrohung für die Demokratie – Bestell-Nr. 12 972

5 Was kann man gegen Fundamentalismus machen?

Wenn Menschen erst „richtige“ Fundamentalisten sind, ist es ganz schwierig, sie von dieser Überzeugung abzubringen. Um Fundamentalismus zu bekämpfen, ist es also wichtig, die Ursachen zu beseitigen, also vorzubeugen.

Fundamentalismus hat häufig Ursachen in schwierigen wirtschaftlichen und/oder politischen Situationen. Überall wo es Krieg, Armut, Unterdrückung und Ausgrenzung gibt, finden Fundamentalisten Anhänger, da den verunsicherten Menschen Sicherheit und Orientierung gegeben wird. Als Fundamentalisten sind alle Personen Teil einer Gemeinschaft, bei der der Einzelne nicht als Einzelperson wahrgenommen wird. Eine Bekämpfung fundamentalistischer Gruppen mit Waffengewalt, führt häufig dazu, dass diese Gruppe noch enger zusammenwächst und sich die Gewaltbereitschaft noch weiter erhöht. Um also zu verhindern, dass fundamentalistische Gruppen Zulauf finden, ist es sinnvoll, die Ursachen für die Probleme zu beseitigen. Nur wenn man sich mit den Sorgen, Nöten und Ängsten der Menschen auseinandersetzt, kann man verhindern, dass der Fundamentalismus zunimmt.

In Deutschland und anderen Demokratien finden fundamentalistische Gruppen Zulauf, obwohl es vielen Menschen in finanzieller Hinsicht gut geht. Allerdings fühlen sich manche Bürgerinnen und Bürger nicht in eine Gemeinschaft aufgenommen und suchen Orientierung. Andere fühlen sich vernachlässigt oder schlechter gestellt. Teilweise fühlen sich Menschen auch verunsichert, da moderne Freiheiten eben auch Unvorhergesehenes mit sich bringen. Die Gesellschaft muss also die Sorgen und Nöte aller Bürgerinnen und Bürger ernst nehmen. Die einzelnen Personen müssen selbstbewusst sein und ihre religiösen Glaubensvorstellungen reflektieren. Religions- und Ethikunterricht kann dabei einen wichtigen Beitrag leisten.

Aufgabe 1: *Lies den Text aufmerksam durch und markiere wichtige Informationen!*

Aufgabe 2: *Notiere stichpunktartig, was man gegen Fundamentalismus machen kann!*

Aufgabe 3: *Vergleiche dein Ergebnis mit deinem Partner und erstellt in Partnerarbeit eine Tabelle mit Maßnahmen, die eine einzelne Person durchführen kann und mit Maßnahmen, die staatliches Handeln erfordern.*

★ **Aufgabe 4:** *Erweitere dein Mindmap zum Thema „Fundamentalismus“!*

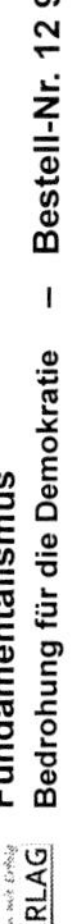

Fundamentalismus
Bedrohung für die Demokratie – Bestell-Nr. 12 972

5 Was kann man gegen Fundamentalismus machen?

Aufgabe 5: *Die folgenden Präventionsmöglichkeiten gibt es, um gewaltbereitem Fundamentalismus vorzubeugen. Sortiere diese nach Wichtigkeit und vergleiche anschließend mit deinem Partner.*

Alles klar?!

Demokratisches Lernen

Aufklärung

Soziale Sicherung

Ethisches Lernen

Politisches Lernen

Hilfsangebote

Persönlichkeitsentwicklung

1.	
2.	
3.	
4.	
5.	
6.	
7.	

Weiter gedacht!

In einer Gaststätte hörst du zufällig, wie sich zwei Männer über Islamisten in Deutschland unterhalten. Beide sind der Meinung, dass Islamismus eine Gefahr für die Demokratie darstellt und mit allen Mitteln verhindert werden muss. Um dies zu erreichen, sollen die Strafen für Islamisten besonders hoch sein. Außerdem schlagen sie vor, dass Moscheen in Deutschland überwacht werden müssen. Zudem soll der weitere Bau von Moscheen verhindert werden.

Aufgabe 6: *Diskutiert in der Klasse, ob die geäußerten Maßnahmen sinnvoll sind.*

Aufgabe 7: *Stellt in einem Rollenspiel die Szene nach. Der Zuhörer/die Zuhörerin soll sich ins Gespräch einmischen und erklären, warum diese Maßnahmen nicht sinnvoll sind und wie man sich stattdessen verhalten soll.*

KOHL VERLAG Fundamentalismus – Bedrohung für die Demokratie – Bestell-Nr. 12 972

6 Woran glauben christliche Fundamentalisten?

Christliche Fundamentalisten sehen die Bibel als Wort Gottes an, das wörtlich zu verstehen ist und nicht anders gedeutet werden soll.
Daher ist die Entstehung der Welt nach einem Plan Gottes erfolgt. Die Evolutionstheorie wird abgelehnt, stattdessen glauben christliche Fundamentalisten an den Kreationismus (Erschaffung der Welt durch Gott).

Homosexualität ist für die meisten christlichen Fundamentalisten unnatürlich und gegen die göttlichen Gebote. Gleichgeschlechtliche Partnerschaften werden abgelehnt. Homosexuelle sollen therapiert und/oder umerzogen werden.

Körperliche Strafen sind in der Bibel als Erziehungsmittel enthalten und sollen daher in der Kindererziehung eingesetzt werden. Dass diese Auslegung der Bibel mit anderen Richtlinien, beispielsweise der christlichen Nächstenliebe, nicht zusammenpasst, wird ignoriert oder umgedeutet.

Abtreibung ungeborener Kinder ist in jedem Fall mit Mord gleichzusetzen und daher verboten, so die Ansicht vieler christlicher Fundamentalisten.

Außerdem ist eine Zusammenarbeit mit anderen christlichen Konfessionen zu unterlassen, da diese in ihren Glaubenssätzen zu stark von den eigenen Positionen abweichen.

Aufgabe 1: *Lies den Text aufmerksam durch und markiere wichtige Informationen!*

Aufgabe 2: *Erstellt in Partnerarbeit Wortkarten, woran christliche Fundamentalisten glauben. Bereitet eine Präsentation vor!*

★ **Aufgabe 3:** *Welche Rechte gibt es in Europa, die nicht den Überzeugungen christlicher Fundamentalisten entsprechen? Notiere Stichpunkte und vergleiche mit deinem Partner!*

____

____

____

____

____

____

____

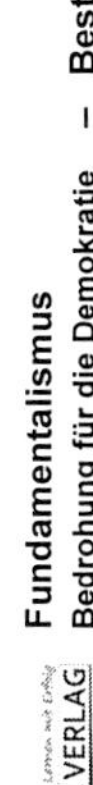

6 Woran glauben christliche Fundamentalisten?

Alles klar?!

Aufgabe 4: *Kreuze an, woran christliche Fundamentalisten glauben.*

- O *Die Welt wurde von Gott in sieben Tagen erschaffen.*
- O *Vergewaltigte Frauen dürfen das ungeborene Kind abtreiben. Dies ist keine Sünde. Es handelt sich nicht um Mord.*
- O *Alle Christen glauben an den einen Gott. Die Zusammenarbeit zwischen christlichen Konfessionen ist sinnvoll und wichtig.*
- O *Gott verbietet Homosexualität. Diese ist eine große Sünde.*
- O *Körperliche Strafen sind als Erziehungsmittel unzulässig. Gott ist die Liebe.*
- O *Die Bibel ist das Wort Gottes und daher wörtlich zu verstehen.*

Weiter gedacht!

Im Christentum sind die Gottes- und Nächstenliebe die wichtigsten Gebote. In der Bibel finden sich zahlreiche Stellen, die beschreiben, was man unter Nächstenliebe verstehen kann. Eine sehr griffige Aussage lautet: „Liebe deinen Nächsten wie dich selbst!“.

Aufgabe 5: *Diskutiert in der Klasse, ob christliche Fundamentalisten dieses Gebot der Nächstenliebe tatsächlich berücksichtigen.*

Aufgabe 6: *In einem Internetblog stößt du auf einen Kommentar. Darin fordert der Autor, dass alle Frauen, die abtreiben, gesteinigt werden sollen, da eine Abtreibung Mord darstellt und von Gott verboten ist. Seiner Meinung nach wäre diese Strafe gerecht.*

Verfasse einen Kommentar, der sich dem entgegenstellt und das Menschenrecht auf körperliche Unversehrtheit aufgreift.

____

____

____

____

____

____

____

____

____

____

KOHL VERLAG Lernen mit Erfolg
Fundamentalismus
Bedrohung für die Demokratie ■ Bestell-Nr. 12 972

7 Woran glauben Islamisten?

Islamische Fundamentalisten, auch Islamisten genannt, sehen den Koran als heilig an. Für sie sind sämtliche Gesetze und Vorschriften wörtlich zu nehmen. Diese göttlichen Rechtsvorschriften werden als „Scharia“ bezeichnet.

Um ein Leben für Gott umzusetzen, müssen strenge Vorschriften eingehalten werden. Dazu zählen die Fünf Säulen des Islam (Tägliches Gebet, Almosen, Pilgerfahrt nach Mekka, Einhalten des Fastens/Ramadan, Glaubensbekenntnis), aber auch strenge Kleidervorschriften (z. B. Vollverschleierung bei Frauen) und das Tragen äußerer Erkennungsmerkmale wie beispielsweise lange Bärte bei Männern.
Im Islamismus sind Mann und Frau nicht gleichberechtigt. Westliche Musik wird abgelehnt. Islamisten bekämpfen nicht nur andere Religionen, sondern auch Muslime, die nicht die gleichen Auffassungen teilen.

Der Kampf gegen Ungläubige wird als Dschihad bezeichnet und von Islamisten als „sechste Säule“ des Glaubens angesehen. Die Verherrlichung von Gewalt ist allgegenwärtig. Der Wunsch, einen Gottesstaat (Kalifat) zu errichten, ist vorhanden, da Demokratien dem göttlichen Willen entgegenstehen.

Nur ein kleiner Bruchteil der gläubigen Muslime ist fundamentalistisch. Jedoch werden in der westlichen Welt häufig alle Anhänger des Islams fälschlicherweise als Islamisten bezeichnet.

Aufgabe 1: *Lies den Text aufmerksam durch und markiere wichtige Informationen!*

Aufgabe 2: *Erstellt in Partnerarbeit ein Merkblatt mit dem Titel „Daran glauben Islamisten“!*

★ **Aufgabe 3:** *Erweitere dein Mindmap zum Thema „Fundamentalismus“!*

Aufgabe 4: *Diskutiert in der Klasse, wie man in der folgenden Situation reagieren kann. Erklärt auch, woran man Islamisten erkennen kann.*

Alles klar?!

Eine Szene in der Fußgängerzone:
Eine ältere Frau, die Kopftuch trägt, wird von einer Gruppe junger Männer ausgelacht und angepöbelt. Zum Glück schreiten zwei Männer ein und die beleidigenden Heranwachsenden hören auf.
Bevor sie weitergehen, sagen sie aber noch laut: „Diese Islamistinnen gehören alle eingesperrt!“.

Aufgabe 5: *Erörtere mit deinem Partner, worin sich Muslime und Islamisten unterscheiden. Besprecht eure Ansichten anschließend im Klassenverband.*

Weiter gedacht!

KOHL VERLAG Lernen mit Erfolg
Fundamentalismus
Bedrohung für die Demokratie – Bestell-Nr. 12 972

8 Woran glauben jüdische Fundamentalisten?

Im Judentum gibt es mehrere Heilige Schriften. Die bedeutendste davon ist die Tora, die Fünf Bücher Mose, die regelmäßig beim Gottesdienst in der Synagoge gelesen werden. Die Tora ist in 52 Wochenabschnitte unterteilt. Neben der Tora gehören die Bücher der Propheten und die Schriften zum Tanach, zur hebräischen Bibel. Für Juden ist zudem der Talmud heilig, der viele Erklärungen und lehrreiche Geschichten enthält.

Allgemein gelten im Judentum die heiligen Schriften nicht als das direkte Wort Gottes. Die Worte Gottes wurden in die Sprache der Menschen übertragen. Daher müssen sie sorgsam gedeutet und ausgelegt werden. Dem Tanach und dem Talmud darf nichts hinzugefügt oder entfernt werden, aber es ist im Judentum ganz selbstverständlich, dass es verschiedene Interpretationen gibt. Die Auslegung der Heiligen Schrift wurde und wird von Rabbinern übernommen, deren Wort in jüdischen Gemeinden besonders viel zählt. Allerdings gibt es im Judentum keinen „obersten Rabbiner", dessen Deutungen herausragend sind. Zudem versucht das Judentum nicht aktiv zu missionieren, also neue Anhänger zu finden und Menschen vom jüdischen Glauben zu überzeugen.

Allerdings glauben einige Juden daran, dass die Tora nicht interpretiert werden darf und dass die ursprünglichen Gesetze kompromisslos angewendet werden müssen. Manche gehen sogar soweit, dass es für Männer und Frauen verschiedene Bürgersteige geben muss, Frauen strenge Kleidervorschriften einhalten müssen usw.

Politisch bedeutsam ist auch, dass fundamentalistische Juden das Land Israel als „von Gott gegeben" ansehen und Andersdenkende, wie z. B. Palästinenser, nicht tolerieren und sich selbst als das „von Gott auserwählte Volk" ansehen und sich somit anderen Völkern überlegen fühlen.

Aufgabe 1: *Lies den Text aufmerksam durch und markiere wichtige Informationen!*

Aufgabe 2: *Notiere stichpunktartig, woran jüdische Fundamentalisten glauben!*

Aufgabe 3: *Vergleiche deine Ergebnisse mit deinem Partner! Erstellt anschließend in Partnerarbeit ein Plakat zum Thema jüdischer Fundamentalismus. Bereitet anschließend eine Präsentation vor.*

Alles klar?!

Aufgabe 4: *Das Judentum gilt im Allgemeinen als weniger anfällig für fundamentalistische Strömungen. Diskutiere mit deinem Partner, warum dies so ist. Besprecht eure Ansichten anschließend im Klassenverband.*

Weiter gedacht!

Aufgabe 5: *Im Staat Israel leben ca. 75 % Juden, ca. 20 % Araber und ca. 5 % nichtjüdische Einwanderer. Seit der Gründung des Staates Israel gab es immer wieder Konflikte zwischen jüdischen und arabischen Bewohnern. Diskutiert, wie sich eine fundamentalistische Gesinnung auf den Frieden in diesem Land auswirken kann.*

KOHL VERLAG Fundamentalismus Bedrohung für die Demokratie – Bestell-Nr. 12 972

9 Woran glauben buddhistische Fundamentalisten?

Der Buddhismus gilt im Allgemeinen als eine sehr friedvolle und tolerante Religion. Buddhisten glauben an die „Vier Edlen Wahrheiten“:

Die erste Wahrheit heißt „Dukkha“ – Leben ist Leiden. Die zweite Wahrheit benennt die Ursache des Leidens als Anhaften, also das Verharren in bestimmten Gemütszuständen, sei es Freude, Liebe oder Trauer. Die dritte Wahrheit behauptet, Leiden kann beendet werden durch die Lösung von Bindungen. Der Weg dorthin führt schließlich über die vierte Wahrheit: Meditation und Erkenntnis (buddhi).

Alles Anhaften und Verharren hat stets schlechte Konsequenzen und erschafft auf diese Weise „karma“. Karma erschwert damit den Ausstieg aus dem sogenannten „samsara“, dem immerwährenden Kreislauf der Existenz (des Werdens und des Vergehens), und verstellt damit den Weg ins „nirwana“. Das karma muss deshalb soweit wie möglich abgebaut werden.

Durch die Anwendung von Gewalt wird karma erschaffen und somit der Weg in die Erlösung erschwert. Daher ist der Buddhismus eigentlich eine friedfertige Religion, allerdings gibt es kein eindeutiges Gewaltverbot.

Im Lauf der Geschichte haben viele Buddhisten festgestellt, dass sie möglicherweise von anderen Religionen verdrängt werden und der Buddhismus ausstirbt, wenn sie nicht dafür kämpfen. Auch in den Zeiten der Kolonialherrschaft, als europäische Mächte nach Asien vordrangen, um dort Gebiete zu kontrollieren, sahen sich viele Buddhisten bedroht. Auch hatten sie große Sorgen, dass ihre Religion verloren gehen könnte. So taten sie viel dafür, dass diese „rein“ blieb und zeigten, wer sie sind und wo sie hingehören.

In Sri Lanka führte diese Entwicklung dazu, dass die Sprache „Singhalesisch“ als Staatssprache vorgeschrieben wurde. Die Minderheit der Tamilen wurde stark diskriminiert. Auch in Myanmar wird die Religion für politische Zwecke ausgenutzt. Dort wurden „Gesetze zum Schutz der Ethnie und Religion in Myanmar“ erlassen. Diese verbieten unter anderem „Mischehen“. Es ist offensichtlich, dass damit insbesondere die muslimische Minderheit der Rohingya im Norden des Landes diskriminiert werden soll.

In beiden Ländern gibt es überdies buddhistische fundamentalistische Organisationen (z. B. Bodu Bala Sena (BBS) in Sri Lanka und Ma Ba Tha in Myanmar), die den Buddhismus zur Stärkung der Nation einsetzen wollen. Diese Gruppen zeigen, dass die Religion für politische Ziele missbraucht wird.

Aufgabe 1: *Lies den Text aufmerksam durch und markiere wichtige Informationen!*

Aufgabe 2: *Stelle die folgenden Aussagen richtig!*

a. *Durch die Anwendung von Gewalt wird karma erschaffen und somit der Weg in die Erlösung erschwert. Daher ist der Buddhismus eigentlich eine friedfertige Religion und es existiert ein eindeutiges Gewaltverbot.*

b. *In Sri Lanka führte diese Entwicklung dazu, dass die Sprache „Singhalesisch“ als Staatssprache vorgeschrieben wurde. Die Minderheit der Rohynga wurde stark diskriminiert.*

c. *Auch in Myanmar wird die Religion für politische Zwecke ausgenutzt. Dort wurden „Gesetze zum Schutz des Hinduismus in Myanmar“ erlassen.*

9 Woran glauben buddhistische Fundamentalisten?

Aufgabe 3: *Beantworte die folgenden Fragen stichpunktartig und vergleiche deine Ergebnisse anschließend mit deinem Partner!*

a. *Warum wird Gewalt im Buddhismus abgelehnt?*

b. *Warum setzen manche Buddhisten trotzdem Gewalt ein?*

c. *Wie äußert sich in Sri Lanka und Myanmar die Verbindung von Staat und Religion?*

____

____

____

____

____

★ **Aufgabe 4:** *Erweitere dein Mindmap zum Thema „Fundamentalismus“!*

Aufgabe 5: *Welche Folgen haben Unterdrückung und Diskriminierung für die Opfer? Diskutiert die Konsequenzen im Klassenverband!*

Weiter gedacht!

Aufgabe 6: *Ergänze in der Tabelle stichpunktartig Gemeinsamkeiten und Unterschiede zwischen budhhistischem Fundamentalismus und Islamismus.*

Gemeinsamkeiten	Unterschiede

KOHL VERLAG Fundamentalismus – Bedrohung für die Demokratie – Bestell-Nr. 12 972

10 Kreationismus und Evolutionslehre

Unter Kreationismus (vom lateinischen Wort „creatio“ = „Schöpfung“) versteht man die religiöse Auffassung, dass der Mensch, alle Lebewesen und das gesamte Universum buchstäblich so entstanden sind, wie es in den Heiligen Schriften des Christentums, des Judentums und des Islam steht. Kreationisten, also die Anhänger des Kreationismus, behaupten, dass die Erde vor einigen Tausend Jahren erschaffen wurde. Sie gehen auch von der Existenz einer Sintflut aus, bei der die meisten Menschen und Tiere umgekommen seien. Kreationisten lehnen die Evolutionstheorie ab.

Anhänger findet der Kreationismus hauptsächlich in den USA, insbesondere unter evangelikalen Christen. Sogar in Schulen werden dort die Lehren des Kreationismus unterrichtet. Doch nicht nur im Christentum gibt es Kreationisten, auch im Judentum und im Islam finden sich Anhänger dieser Auffassung.

Unter Evolution (vom lateinischen Wort „evolvere“ = „herausrollen“, „auswickeln“, „entwickeln“) versteht man die allmähliche Veränderung der vererbbaren Merkmale einer Gruppe von Lebewesen von Generation zu Generation. Durch diese Veränderungen können aus einer Art mehrere Arten entstehen. Das Leben auf der Erde hat sich von Einzellern hin zu Pflanzen, Pilzen, Tieren und vielen weiteren Gruppen von Lebewesen weiterentwickelt. Menschen und Menschenaffen haben gemeinsame Vorfahren. Die Evolution ist noch nicht abgeschlossen, sondern schreitet unaufhaltsam voran. Die Evolutionslehre kann keine Antwort darauf geben, ob es einen Gott gibt oder nicht, und auch nicht darauf, wie das Universum entstanden ist.

Aufgabe 1: *Lies den Text aufmerksam durch und markiere wichtige Informationen!*

Aufgabe 2: *Notiere stichpunktartig, was Kreationismus und Evolutionslehre auszeichnen.*

____

____

Aufgabe 3: *Gruppenarbeit: Erstellt in Gruppenarbeit ein Plakat zum Thema „Kreationismus“ (Gruppe 1) bzw. zur „Evolutionslehre“ (Gruppe 2)*

★ **Aufgabe 4:** *Wie ist deiner Meinung nach die Welt entstanden? Notiere deine Gedanken!*

____

____

10 Kreationismus und Evolutionslehre

Aufgabe 5: *Ordne die einzelnen Merkmale in der Tabelle richtig zu!*

Die Welt wurde in sieben Tagen erschaffen.

Die Entstehung der Welt ist in der Bibel naturwissenschaftlich richtig dargestellt.

Tier- und Pflanzenarten sind unveränderlich und von Gott so geschaffen worden, wie sie sind.

Tier- und Pflanzenarten entwickeln sich ständig weiter.

Die Entwicklung der Arten ist abhängig von Mutation und Selektion.

Der Mensch ist nicht aus dem Nichts entstanden, sondern hat dieselben Vorfahren wie die heutigen Menschenaffen.

Kreationismus	Evolutionslehre

Weiter gedacht!

Aufgabe 6: *In den USA wird heftig darüber gestritten, die Evolutionstheorie aus den Biologielehrbüchern zu streichen. Notiere Gründe, die für und gegen diese Auffassung stehen. Diskutiert eure Ergebnisse im Klassenverband!*

KOHL VERLAG
Fundamentalismus

11 Drei Beispiele für fundamentalistische Gruppen

Aufgabe 1: *Gruppenpuzzle*

a) *Die Klasse teilt sich in insgesamt drei Gruppen auf. Jede Gruppe erhält jeweils einen dieser folgenden drei Texte:*

- *Lord's Resistance Army – Christliche Fundamentalisten*
- *Islamischer Staat*
- *Boko Haram – eine nigerianische Terrorgruppe*

b) *Jedes Gruppenmitglied liest nun für sich diesen Textabschnitt durch und markiert die zentralen Informationen.*

c) *Anschließend werden die Ergebnisse in den Gruppen besprochen, Unklarheiten und offene Fragen geklärt. Jeder soll zu einem Experten für seinen Textabschnitt werden.*

d) *Nun mischen sich die Gruppen zu kleineren 3er-Gruppen: In jeder Gruppe muss jeweils ein Experte für jeden Text vertreten sein.*

e) *Jetzt erklärt jeder den anderen beiden Gruppenmitgliedern die zentralen Informationen seines Textabschnitts.*

f) *Im letzten Schritt treffen sich alle wieder in ihrer ursprünglichen Gruppe und erzählen sich gegenseitig, was sie in den 3er-Gruppen über die anderen Texte erfahren haben.*

g) *Bearbeitet nun die Arbeitsblätter, die zu den Texten gehören.*

Fundamentalismus
Bedrohung für die Demokratie – Bestell-Nr. 12 972
KOHL VERLAG

11 Drei Beispiele für fundamentalistische Gruppen

Lord's Resistance Army – Christliche Fundamentalisten

Die Lord's Resistance Army (kurz: LRA; auf Deutsch „Widerstandsarmee des Herrn") wurde 1987 unter der Führung von Joseph Kony im Norden Ugandas gegründet. Sie kämpfte gegen die ugandische Regierung unter Yoweri Museveni. Nach ihrem Selbstverständnis ist die LRA eine militärisch organisierte Gruppe, die im Grenzgebiet zwischen der Zentralafrikanischen Republik, der Demokratischen Republik Kongo und dem Südsudan für die Errichtung eines Gottesstaates kämpft. Dieser soll auf den Zehn Geboten der Bibel basieren.

Der LRA werden zahlreiche schwere Verbrechen vorgeworfen. Bis zu 100.000 Tote soll die LRA zu verantworten haben. Die LRA gilt als eine der brutalsten Rebellengruppen der Welt. Mitglieder der LRA plündern, morden, foltern und vergewaltigen praktisch wahllos in den nördlichen Regionen Ugandas. Kinder werden entführt. Diese werden entweder zu Kindersoldaten ausgebildet oder als Sex-Sklavinnen missbraucht. Der Anführer der Gruppe, Joseph Kony, behauptet, dass er von Gott diesen Auftrag erhalten hat.

Im Jahr 2006 konnte die ugandische Armee die LRA aus dem Land jagen. Seitdem sind in Uganda nur noch einige hunderte Anhänger der LRA zu finden. Der Großteil hat sich in die angrenzenden Staaten Sudan, Zentralafrikanische Republik und Demokratische Republik Kongo abgesetzt.

KOHL VERLAG Fundamentalismus – Bedrohung für die Demokratie – Bestell-Nr. 12 972

Drei Beispiele für fundamentalistische Gruppen

Lord's Resistance Army – Christliche Fundamentalisten

★ **Aufgabe 1:** *Wie kann man gegen die LRA vorgehen? Notiere deine Gedanken!*

Aufgabe 2: *In dem folgenden Text haben sich einige Fehler eingeschlichen. Markiere diese farbig und schreibe unten die Verbesserung auf!*

Alles klar?!

Die Lord's Rebellion Army (kurz: LRA; auf Deutsch „Rebellionsarmee des Herrn") wurde 1987 unter der Führung von Joseph Koli im Norden Nigers gegründet. Sie kämpfte gegen die kenianische Regierung unter Yoweri Museveni. Nach ihrem Selbstverständnis ist die LRA eine locker organisierte Gruppe, die im Grenzgebiet zwischen der Zentralafrikanischen Republik, der Demokratischen Republik Kongo und Eritrea für die Errichtung einer Demokratie kämpft. Diese soll auf den Acht Geboten des Neuen Testaments basieren.

Aufgabe 3: *Christliche Fundamentalisten nehmen biblische Aussagen wörtlich und orientieren sich in ihren Handlungen an den Geboten und Weisungen, die darin enthalten sind.*
Die Bibel ist aber teilweise auch sehr widersprüchlich (z. B. gibt es zwei Schöpfungserzählungen, die sich deutlich voneinander unterscheiden).
Wie gehen Fundamentalisten mit diesen Widersprüchen um?
Diskutiert im Klassenverband!

Weiter gedacht!

Aufgabe 4: *Kann sich eine Demokratie ausschließlich an einer Religion orientieren? Begründe deinen Standpunkt und gehe dabei auch auf die Bedeutung der Menschenrechte ein!*

11 Drei Beispiele für fundamentalistische Gruppen

Islamischer Staat

Der sog. Islamische Staat wurde 2003 gegründet. Der IS besteht aus tausenden Mitgliedern, die ein „Kalifat“ gründen wollten bzw. gegründet haben (Dieses Kalifat wurde aber von den Vereinten Nationen nie als eigener Staat anerkannt). Die Organisation kontrollierte bis Dezember 2017 Teile des Irak sowie bis März 2019 Teile Syriens.

Der IS wirbt um Mitglieder für Bürgerkriege sowie Terroranschläge. Diese fundamentalistische Terrorgruppe wird des Völkermords beschuldigt sowie der Zerstörung von kulturellem Erbe der Menschheit und anderer Kriegsverbrechen.

In seinem Herrschaftsgebiet führte der IS die Scharia ein. Dies führte zu zahlreichen strengen Regelungen. Unter anderem sind der Konsum und Verkauf von Alkohol, Tabakwaren und anderen Drogen untersagt. Das Abhalten von Versammlungen ist untersagt. Das Rasieren und Trimmen des Bartes ist verboten. Frauen müssen „züchtig-bedeckende Kleidung“ tragen, Verkündungen in Moscheen unterliegen der Zensur, sie werden also streng kontrolliert. Im Juni 2015 wurde das im Nahen Osten beliebte Taubenzüchten verboten, weil es die Muslime vom Beten abhalte und der Anblick von Taubengenitalien ihre Sittlichkeit verletzte. Bereits vor dem Verbot wurden drei Männer wegen Taubenzüchtens hingerichtet. Auch die Nutzung von Handys ist geregelt: Apple-Produkte sind generell verboten, bei anderen Herstellern muss die GPS-Funktion außer Betrieb gesetzt werden. Der IS bekämpft nicht nur Christen und Juden als Ungläubige, sondern er geht auch gegen Muslime anderer Glaubensrichtungen vor: Alle Abweichler (z. B. die Schiiten) sind demnach „Ungläubige“ bzw. „Gottesleugner“ (Kāfir) und werden als todeswürdig eingestuft und getötet, wenn sie sich im Machtbereich des IS aufhalten.

Heute spielt der Islamische Staat politisch keine große Rolle mehr. Das Gedankengut bleibt aber weiterhin bestehen. Nach wie vor versuchen diese Fundamentalisten, Anhänger zu gewinnen.

Aufgabe 1: *Erstellt in Partnerarbeit einen Steckbrief zum Islamischen Staat!*

Islamischer Staat

Gründung: ______________________________

Ziele: ______________________________

Mittel zur Erreichung der Ziele: ______________________________

Rechtliche Grundlage: ______________________________

Feinde: ______________________________

11 Drei Beispiele für fundamentalistische Gruppen

Islamischer Staat

★ **Aufgabe 2:** *Wie passen die Scharia und die Gleichstellung von Mann und Frau, die auch im Grundgesetz der Bundesrepublik Deutschland verankert ist, zusammen? Begründe deine Meinung!*

____

____

____

____

____

Aufgabe 3: *Kreuze an, ob die folgenden Aussagen wahr oder falsch sind. Stelle falsche Aussagen anschließend richtig!*

Alles klar?!

	wahr	falsch
a. Der Islamische Staat war im Iran und in Syrien aktiv.		
b. Der Islamische Staat ist eine Gruppe schiitischer Muslime.		
c. Der Islamische Staat orientiert sich an bestimmten Aussagen des Korans.		
d. Der Islamische Staat möchte die Scharia einführen.		
e. Der Islamische Staat möchte einen Gottesstaat, ein sog. Kalifat errichten.		
f. Der Islamische Staat wird des Völkermordes beschuldigt.		

Weiter gedacht!

Aufgabe 4: *Der Islamische Staat ist eine äußerst gewaltbereite fundamentalistische Gruppierung.*
Darf ein europäisches Land gegen den IS kämpfen, obwohl der IS nicht in Europa kämpft, sondern im Nahen Osten? Diskutiert im Klassenverband!

Aufgabe 5: *Der Islamische Staat wirbt auch im Internet um Anhänger und für den Krieg gegen Ungläubige.*

Wie sollte man handeln, wenn man auf solche Inhalte im Internet stößt?

____

____

____

11 Drei Beispiele für fundamentalistische Gruppen

Boko Haram – eine nigerianische Terrorgruppe

Boko Haram wurde ungefähr 2002 vom salafistischen Prediger Ustaz Mohammed Yusuf gegründet. Dieser lehnte den nigerianischen Staat als „unislamisch“ ab und forderte die Einführung der Scharia. Sein Vorgehen war zunächst gewaltlos und zielte darauf ab, die Bevölkerung für sich zu gewinnen. Aufgrund der hohen Armut und Arbeitslosigkeit im Norden Nigerias konnte die Gruppe zu Beginn einen hohen Zulauf junger Menschen verzeichnen.

Um die Errichtung eines islamischen Staates zu errichten, werden Anschläge verübt und Menschen, insbesondere Mädchen und Frauen, entführt. Bislang wurden ungefähr 20.000 Menschen getötet und ca. 2,6 Millionen in die Flucht getrieben.

Der Name Boko Haram kann in etwa als „Westliche Bildung ist Sünde“ übersetzt werden. „Boko“ bezeichnet in der nigerianischen Sprache „Hausa“ alles, was mit Täuschung, Betrug und Fälschung zu tun hat. Darunter versteht man auch nichtislamische, westliche Werte und Bildung. Das Wort „Haram“ wurde aus dem Arabischen übernommen. Es bezeichnet alles, was nach der Scharia, also nach streng islamischen Recht, verboten ist. Offiziell trägt die Terrorgruppe seit 2009 den Namen Jama‘atu Ahlis Sunna Lidda‘awati wal-Jihad, was übersetzt „Vereinigung der Sunniten für den Ruf zum Islam und für den Dschihad“ bedeutet.

Die Anhänger von Boko Haram versuchen einen islamischen Staat zu errichten, in dem die Scharia gilt. Sie lehnen andere Religionen strikt ab und bekämpfen diese. Anschläge auf Kirchen sind keine Seltenheit. Wissenschaft und Bildung müssen ebenfalls ihrer Weltvorstellung entsprechen. Daher werden Universitäten angegriffen. Es wurden auch wiederholt Mädchen und junge Frauen entführt, die eine Schule besuchen wollten. Nach Vorstellung von Boko Haram ist es ein großer Fehler, wenn Frauen Bildung erlangen. Zudem sind Männer und Frauen nicht gleichberechtigt: Das Sagen hat der Mann.

Nach Ansicht von Boko Haram gibt es Anhänger und Verbündete, die sich an die vorgegebenen Regeln halten und solche, die diese ablehnen. Wer dies tut, wird als Feind betrachtet und bekämpft.

Aufgabe 1: *Beschreibe stichwortartig, wer Boko Haram ist!*

____

____

Aufgabe 2: *Begründe, ob es sich bei Boko Haram um eine fundamentalistische Gruppe handelt! Vergleiche deine Ergebnisse mit deinem Partner und klärt Missverständnisse!*

____

____

____

KOHL VERLAG Fundamentalismus Bedrohung für die Demokratie – Bestell-Nr. 12 972

11 Drei Beispiele für fundamentalistische Gruppen

Boko Haram – eine nigerianische Terrorgruppe

★ **Aufgabe 3:** *Kennst du andere Gruppen, die ähnliche Vorstellungen haben wie Boko Haram? Notiere Gemeinsamkeiten und Unterschiede! Vergleiche mit deinem Partner!*

Alles klar?!

Aufgabe 4: *Prüfe, ob die Merkmale fundamentalistischer Gruppen auf Boko Haram zutreffen! Belege mit geeigneten Textstellen!*

Merkmale	**Zutreffend?**	**Textstelle**
Wunsch, andere Menschen zu überzeugen		
Ansicht, dass es nur „Freunde" oder „Feinde" gibt		
ungläubig gegenüber wissenschaftlicher Erkenntnis		
Bereitschaft, Gewalt anzuwenden		
Glaube an die „eine Wahrheit"		

Weiter gedacht!

Maike Röttger, ehemalige Geschäftsführerin der Kinderhilfsorganisation Plan International Deutschland, sagt: „Das perfide Ziel von Boko Haram ist es, Bildung für Mädchen und Frauen zu verhindern. Deshalb ist es umso wichtiger, dass wir ihnen zuhören und ihre Stärke erkennen. Gemeinsam mit ihnen können wir es schaffen, tradierte Rollenmuster aufzubrechen und so den Kreislauf aus Armut, Arbeitslosigkeit, Ungleichheit und fehlenden Perspektiven zu durchbrechen – Faktoren, die wie Treibstoff für die zunehmende Radikalisierung junger Menschen durch Boko Haram wirken."

Quelle: https://www.plan.de/presse/pressemitteilungen/detail/fuenf-jahre-nach-entfuehrung-von-chibok-immer-wieder-verschleppt-boko-haram-junge-frauen-in-nigeria.html aufgerufen am 17.04.2020

Aufgabe 5: *Diskutiert in der Klasse:*
- *Warum gelang es Boko Haram, viele Menschen für sich zu gewinnen?*
- *Wie kann die Rolle der Frau verbessert werden, so wie es Frau Röttger fordert?*

Fundamentalismus
Bedrohung für die Demokratie – Bestell-Nr. 12 972

12 Salafismus in Deutschland

Der Salafismus in Deutschland ist eine islamistische Bewegung, die die gewalttätigen Gesichtspunkte aus der Gründungszeit der Religion des Islam in den Vordergrund stellt. Der Name leitet sich vom arabischen Wort „Salaf“ = „die Altvorderen“ ab und will damit unterstreichen, dass diese Form des Islam die ursprüngliche, reine und von Gott gewollte Religion darstellt.

Der Salafismus ist eine sehr gefährliche Strömung, die versucht, durch Propaganda in Form der Da‘wa (Ruf zum Islam/Missionierung) die deutsche Gesellschaft zu islamisieren. Salafisten möchten die religiöse Zeit umkehren und zu den Wurzeln der Religion zurückkehren. Die moderne Welt, die von Freiheit und Menschenrechten geprägt ist, gilt als Feindbild. Der Salafismus versucht, die Gebote des frühen Islam als staatliches Gesetz zu verankern. Das Leben soll sich ausschließlich am Koran orientieren, der als direktes Wort Gottes gilt. Die gesamte Gesellschaft soll zum „wahren Glauben“ finden und sich zum salafistischen Islam bekennen. Andersdenkende und andere Glaubensrichtungen werden nicht toleriert, sondern angegriffen (verbal, teilweise auch körperlich). Die Demokratie wird abgelehnt, da sie nicht die von Gott gewollte Herrschaftsform darstellt. Angriffe auf die Demokratie, die westliche Welt und die Freiheit werden unterstützt.

Um die Ziele zu erreichen, werden auch Gewalt und Terror angewendet.
Fast alle Terroraktionen von Islamisten in Deutschland wurden von Salafisten begangen, obwohl diese weniger als 1 % der Muslime ausmachen.

Aufgabe 1: *Lies den Text aufmerksam durch und markiere wichtige Informationen!*

Aufgabe 2: *Erstellt in Partnerarbeit ein Plakat zum Thema „Salafismus in Deutschland“ und bereitet eine Präsentation vor! Geht dabei auch auf die folgenden Punkte ein:*
- *Missionierung*
- *Propaganda*
- *Gesetze*
- *Demokratie*
- *Gewalt*

★ **Aufgabe 3:** *Erweitere dein Mindmap zum Thema Fundamentalismus!*

Aufgabe 4: *Benenne typische Kennzeichen des Fundamentalismus in Bezug auf den Salafismus! (Was macht den Salafismus zu einer fundamentalistischen Strömung?) Notiere deine Gedanken und diskutiert diese anschließend im Klassenverband!*

Alles klar?!

So gewinnen Salafisten Anhänger

Salafisten machen auf sich aufmerksam, indem sie in Moscheen predigen und dort ihren Glauben verkünden. Doch nicht nur Muslime sollen bekehrt werden, sondern auch andere religiöse Gruppen. Dazu werden Infostände in Fußgängerzonen betrieben, wo Gratisausgaben des Koran verteilt werden. Öffentliche Kundgebungen sollen zur Missionierung beitragen. Auch die sozialen Medien werden intensiv genutzt. Insbesondere junge Menschen, die Orientierung suchen und sich verlassen fühlen, sind leichte Beute für diese Fundamentalisten.

Fallbeispiel: So wurde ein Junge zum Salafisten

B. besuchte nach der Grundschule eine Realschule und hat diese erfolgreich abgeschlossen. Anschließend machte er eine Ausbildung zum Großhandelskaufmann. In dieser Zeit kam es zu großen Veränderungen, die letzten Endes dazu führten, dass B. in Deutschland alle Zelte abbrach, um in Syrien als Gotteskrieger für ein Kalifat zu kämpfen. Dort endete sein junges Leben mit gerade einmal 18 Jahren.
Wie konnte es dazu kommen?
Ein kurzer Rückblick:
Bei einer Koran-Verteilungsaktion kommt B. erstmals mit Islamismus in Berührung. Verschiedene persönliche Erlebnisse haben ihn frustriert und die Frage nach dem Sinn des Lebens aufkommen lassen. Im familiären Umfeld fehlt die Vaterfigur. Die Mutter wird von ihm nicht als Autorität wahrgenommen. Das patriarchale Umfeld gibt B. Unterstützung und Halt. Er kann sich in allen Belangen auf die Hilfe seiner Glaubensbrüder verlassen. So kommt es dazu, dass er immer häufiger Moscheen besucht und Prediger hört, die den Koran auf eine fundamentalistische Art und Weise auslegen. Die Deutung der Welt nimmt immer stärkere salafistische Züge an. Seine Lebensweise ist an vermeintliche Glaubensvorschriften angepasst. So kommt es dazu, dass er die Gebetszeiten streng einhält und sich beispielsweise weigert, Frauen die Hand zu geben. Den Kontakt mit alten Freunden und Bekannten sowie seiner Familie bricht B. ab. Auf Internetseiten stößt er immer mehr auf radikale Ansichten. Terroristische Anschläge werden von ihm als gerecht beurteilt und befürwortet. Von allen Seiten wird er darin bestärkt, sich für einen „gerechten" Krieg gegen Ungläubige einzusetzen. Das äußere Erscheinungsbild ändert sich. B. beginnt Kampfsport zu betreiben und fasst den Entschluss, in Syrien für seine Brüder zu kämpfen.
Nach einer erfolgreichen Ausreise stirbt er im Krieg. Ob er von seinen Glaubensbrüdern als Märtyrer gefeiert wird?

Aufgabe 1: *Lies den Text aufmerksam durch und markiere wichtige Informationen!*

Aufgabe 2: *Beschreibe die Entwicklung, die B. durchmacht und vergleiche deine Ergebnisse anschließend mit deinem Partner!*

Aufgabe 3: *Gruppenarbeit: Stellt die Radikalisierung D.'s in Form eines Comics dar*
oder
Gruppenarbeit: Erstellt ein Plakat mit dem Titel „Salafismus ist gefährlich!". Recherchiert dazu auch im Internet, um Bilder und weiterführende Informationen zu erhalten.

14 Wie kommt es zur Radikalisierung?

Wissenschaftler haben sich nach den Terroranschlägen in Madrid, Amsterdam, London, Melbourne, Sydney und Toronto damit beschäftigt, wie es zu einer Radikalisierung kommt. Dabei ist zwar auch herausgekommen, dass bei Ereignissen der Zufall eine große Rolle spielt, jedoch lässt sich der Prozess der Radikalisierung in verschiedenen Stufen beschreiben. Ein solches Modell hat der Politikwissenschaftler Thorsten Winkelmann beschrieben (Radikalisierung als Gruppenerlebnis).

Die Phase der Prä-Radikalisierung setzt bei den Lebensumständen des Einzelnen an. Damit ist die Herkunft gemeint sowie der soziale und berufliche Status, aber auch die Religion und das Bildungsniveau. Offensichtlich kommt es wahrscheinlicher zu einer Radikalisierung, wenn eine Kluft zwischen den Werten einer demokratischen und pluralistischen Gesellschaft sowie den traditionellen Vorstellungen, die in der Familie gelebt werden, entsteht. Diese Situation verstärkt Gefühle von Ausgrenzung und Diskriminierung. Oft wird die Besinnung auf die „wahre“ Religion dadurch verstärkt, dass den Jugendlichen eine Vater-Figur fehlt. Dabei ist es unwichtig, ob der Vater verstorben ist, die Familie verlassen hat oder ob dieser sich in der Gesellschaft selbst nicht zurechtfindet. Salafisten füllen diese Lücke mit einer patriarchalen Gottesvorstellung.

Die Phase der Identifikation beschreibt die Abschottung gegenüber der Mehrheitsgesellschaft, da kulturelle und religiöse Differenzen vorliegen. Individuelle Sinnkrisen und lebensweltliche Probleme, wie z. B. Drogenkonsum, Kriminalität, schulische Herausforderungen usw. führen dazu, dass das gesellschaftlich dominierende Weltbild hinterfragt wird. Junge Menschen suchen nach Antworten und finden diese im Glauben. In der Phase der Identifikation kommt es zu einer fundamentalistischeren Lesart des Korans. Dies hat Auswirkungen auf das Denken und Handeln. Anleitungen, Empfehlungen und Hinweise zur „richtigen“ Deutung des Korans liegen im Internet vor, sodass einschlägige Plattformen zum Austausch mit Gleichgesinnten führen.

Die salafistische Ideologie besitzt eine große Attraktivität, da diese ein geordnetes Weltbild vermittelt. Es findet eine strenge und einfache Einteilung in Freund und Feind sowie Gläubige und Ungläubige statt. Diese geschlossene Weltanschauung ermöglicht emotionalen Halt.

Die Phase der Indoktrinierung wird maßgeblich von religiösen Autoritäten beeinflusst, beispielsweise in Form von Laienpredigern. Diese bestärken die Sinnsuchenden darin, die salafistische Ideologie anzunehmen. Sie sollen ursprüngliche soziale Beziehungen abbrechen. In dieser Phase spielen die sozialen Netzwerke eine große Rolle. Innerhalb der Gruppe von Gleichgesinnten werden radikale Ansichten wechselseitig verstärkt. Ebenso reift die Überzeugung, etwas gegen die Missstände unternehmen zu müssen. Um dies moralisch zu rechtfertigen, werden beispielsweise religiöse oder politische Konfliktsituationen als Angriff auf den Islam gewertet. Die Pflicht eines Gläubigen sei es in Folge, sich und den rechten Glauben zu verteidigen. Gleichzeitig entwickelt sich das Gefühl, zu einer auserwählten Glaubensgruppe zu gehören. Diese Zugehörigkeit steigert das Selbstbewusstsein und das Selbstwertgefühl.

KOHL VERLAG Fundamentalismus Bedrohung für die Demokratie – Bestell-Nr. 12 972

14 Wie kommt es zur Radikalisierung?

In der Phase des Dschihad tritt die Hinwendung zur Gewalt in den Vordergrund. Die Person zieht sich aus dem salafistischen Umfeld zurück und beschäftigt sich mit Möglichkeiten, den Kampf gegen die Ungläubigen zu führen. Im Internet werden Kampflieder (Naschid) verbreitet, die eine radikalisierende Wirkung haben. Ebenfalls finden sich dort Videos, in denen der Märtyrertod im Kampf gegen die Feinde als besonders ehrenwert und erstrebenswert dargestellt wird. Ferner finden sich auch Anleitungen zum Bombenbau oder Plattformen, die über sichere Verschlüsselungstechniken in der Kommunikation informieren. In der Phase des Dschihad kommt es mitunter zur Bildung von Kleingruppen, um versteckt terroristische Anschläge vorbereiten zu können.

Aufgabe 1: *Wo sind die Fehler?*

a. Jeder liest den Text für sich alleine durch und streicht sich dabei die wichtigsten Aussagen an.
b. Anschließend formuliert jeder fünf Aussagen zum Text, in die er absichtlich jeweils einen Fehler einbaut.
c. Dann werden die fehlerhaften Aussagen mit denen des Partners ausgetauscht. Jeder hat nun die Aufgabe, die Fehler zu finden und die Aussagen zu korrigieren.
d. Zuletzt werden die korrigierten Aussagen wieder untereinander ausgetauscht. Der jeweils andere überprüft nun, ob der Fehler gefunden und korrekt korrigiert wurde.

1) ____________________

____

2) ____________________

____

3) ____________________

____

4) ____________________

____

5) ____________________

____

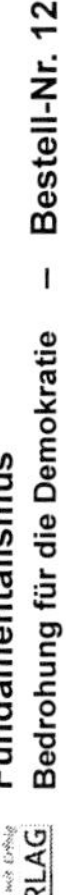

14 Wie kommt es zur Radikalisierung?

Aufgabe 2: *Im Text kommen einige Fremdwörter vor. Kennst du die Bedeutung der folgenden Wörter? Schaue notfalls im Wörterbuch nach.*

a. patriarchalisch
b. Ideologie
c. Indoktrinierung
d. Märtyrer

Aufgabe 3: *Ordne die typischen Merkmale den Phasen in der Tabelle richtig zu.*

Alles klar?!

- Laienprediger bestärken die Sinnsuchenden
- Soziale Kontakte abbrechen
- Vorbereitung von Anschlägen
- Fundamentalistische Lesart des Koran
- Die Betroffenen erleben Situationen von Diskriminierung
- Rückzug aus salafistischem Umfeld
- Es besteht eine Kluft zwischen demokratischer Welt und familiärem Umfeld
- Suchen nach Sinnfragen werden im Glauben gefunden

Phase der Prä-Radikalisierung	Phase der Identifikation	Phase der Indoktrination	Phase des Dschihad

Aufgabe 4: *Überlege dir, wie man den Prozess der Radikalisierung stoppen könnte. Diskutiert die Vorschläge in der Klasse.*

____

____

____

Aufgabe 5: *Ist Gewaltanwendung gegenüber Dschihadisten legitim? Diskutiert die Frage unter Beachtung der Menschenrechte.*

Weiter gedacht!

15 Das Ferienlager-Experiment

Der Psychologe Muzafer Sherif hat in den USA ein sehr bedeutendes Experiment durchgeführt. Dabei brachte er 22 Jungen in einem Ferienlager zusammen, die sich zuvor noch nicht kannten. Diese wurden in zwei Bussen mit je 11 Passagieren unabhängig voneinander und an verschiedenen Plätzen des Robbers Cave State Parks abgesetzt.

Die beiden Gruppen gaben sich Namen (die „Klapperschlangen" und die „Adler") und bereits nach kurzer Zeit entwickelten sie Rangfolgen (Anführer, Untergebene usw.). Auch erfanden sie eigene Rituale und gestalteten Flaggen.

Als die Jungen in ihren jeweiligen Gruppen durch gemeinsame Aktivitäten bereits ein „Wir-Gefühl" entwickelt hatten, versuchten die Wissenschaftler, die Klapperschlangen und die Adler gegeneinander aufzubringen. Dazu wurden 15 sportliche Wettkämpfe durchgeführt, die den Wettbewerb und die Konkurrenz untereinander verstärkten. Zudem manipulierten die Wissenschaftler die Ergebnisse, um die Rivalität zu steigern.

Der Plan der Wissenschaftler ging auf: Der innere Zusammenhalt der Teams wuchs, dafür richteten sich ihre Aggressionen zunehmend gegen die anderen, die nun auch beleidigt und angepöbelt wurden.

Die Streitigkeiten zwischen den beiden Gruppen gerieten außer Kontrolle: Eines Abends verbrannten die Adler die auf dem Spielfeld zurückgelassene Fahne der Klapperschlangen. Kurz darauf rächten sich die Klapperschlangen, indem sie die Hütte der Adler überfielen und verwüsteten. Letztendlich kam es zur Eskalation: Beide Gruppen missbrauchten Baseballschläger als Waffen, um gegen die „Feinde" in den Krieg zu ziehen.

In der dritten Phase des Experiments versuchten die Wissenschaftler eine Versöhnung der verfeindeten Gruppen herbeizuführen. Dazu stellten sie den Gruppen Aufgaben, die sie nur gemeinsam bewältigen konnten und bei denen sie auf Kooperation und gegenseitige Hilfe angewiesen waren. Kurzfristig entschärfte dies den Konflikt, leider nicht auf Dauer. Bereits nach kurzer Zeit kam es zu weiteren Anfeindungen.

Die Wissenschaftler ließen jedoch nicht locker und erschufen weitere Aufgaben mit Zielen, die nur durch Zusammenarbeit zu erreichen waren. So versöhnten sich die Jungen wieder und konnten den Streit beenden.

15 Das Ferienlager-Experiment

Aufgabe 1: *Lies den Text aufmerksam durch und markiere wichtige Informationen!*

Aufgabe 2: *Notiere stichpunktartig, wie das Ferienlager-Experiment abgelaufen ist und vergleiche dein Ergebnis anschließend mit deinem Partner!*

★ **Aufgabe 3:** *Erweitere dein Mindmap zum Thema „Fundamentalismus"!*

Aufgabe 4: *Beantworte die folgenden Fragen:*

Alles klar?!

a. *Was kann man durch das Ferienlager-Experiment über das Verhalten in Gruppen lernen? Notiere deine Gedanken!*

Weiter gedacht!

b. *Welcher Zusammenhang besteht zwischen den Phasen der Gruppenbildung und fundamentalistischen Strömungen? Notiere deine Gedanken!*

Aufgabe 5: *Ist das Ferienlager-Experiment deiner Meinung nach eine erfolgsversprechende Lösung für den Umgang mit Fundamentalisten? Begründe deine Meinung! Diskutiert anschließend im Klassenverband!*

Aufgabe 6: *Der Mensch ist ein soziales Wesen und auf das Leben in einer Gemeinschaft angewiesen. In einer pluralen Welt haben unterschiedliche Sichtweisen, Meinungen und Interessen ihre Berechtigung. Demokratisches Zusammenleben kann man bereits auf familiärer und schulischer Ebene lernen.*
Wie soll das Zusammenleben in der Klasse gestaltet sein, um ein demokratisches Miteinander zu ermöglichen? Notiere zehn Regeln für die Klasse.

10 Regeln für ein demokratisches Miteinander in der Klasse	
Regel 1	
Regel 2	
Regel 3	
Regel 4	
Regel 5	
Regel 6	
Regel 7	
Regel 8	
Regel 9	
Regel 10	

16 Das Asch-Experiment

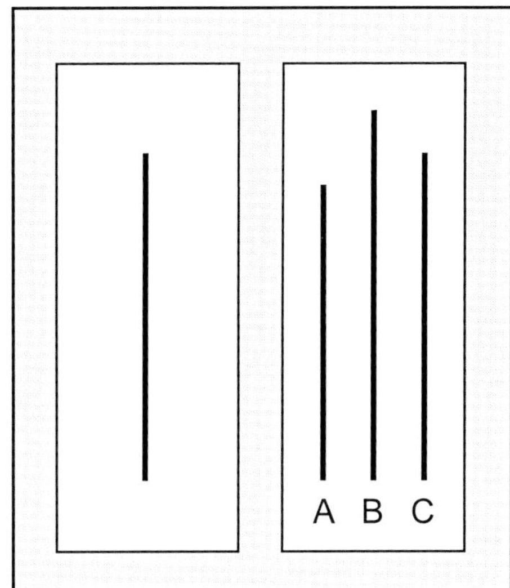

Der Psychologe Solomon Asch führte 1951 ein Experiment durch, das heute noch sehr bekannt ist:

Eine Reihe von Personen saß an einem Tisch. Der Versuchsperson wurde im Vorfeld mitgeteilt, dass alle Anwesenden ebenfalls Versuchspersonen sind. In Wahrheit war sie jedoch die einzige „echte" Versuchsperson, alle anderen waren Vertraute des Versuchsleiters.

Auf einer Karte wurde der Gruppe eine Linie dargeboten. Neben dieser einen Linie wurden drei weitere Linien gezeigt. Die Personen hatten die Aufgabe, einzuschätzen, welche dieser drei Vergleichslinien gleich lang wie die besagte „eine Linie" war. Bei jedem Durchgang war eine der Linien deutlich erkennbar gleich lang wie diese. In der Kontrollgruppe sollten die Vertrauten des Versuchsleiters ihre wahre Einschätzung in der Gruppe äußern, welche Linie die gleich lange sei. Dies ist an und für sich keine große Schwierigkeit. Jedoch behaupteten die „heimlichen Vertrauten des Versuchsleiters", dass eine andere Linie gleich lang sei, obwohl dies in der Wirklichkeit nicht so war. Es zeigte sich sehr deutlich, dass viele Versuchsteilnehmer sich der falschen Meinung anschlossen, obwohl die eigene Wahrnehmung eine andere war.

In weiteren Studien wurde gezeigt, dass die Wahrscheinlichkeit, dass ein Versuchsteilnehmer sich der „Unwahrheit" anschließt größer ist, wenn die Anzahl derjenigen, die diese Unwahrheit behaupten größer ist. Je größer also die Gruppe ist, desto leichter passt man sich der Gruppe an, auch wenn man mit eigenen Augen eigentlich etwas ganz anderes sieht.

Aufgabe 1: *Lies den Text aufmerksam durch und markiere wichtige Informationen!*

Aufgabe 2: *Beschreibe den Ablauf des Asch-Experiments in Stichpunkten!*
Vergleiche dein Ergebnis mit deinem Partner!

★ **Aufgabe 3:** *Erweitere dein Mindmap zum Thema „Fundamentalismus"!*

Alles klar?!

Aufgabe 4: *Erläutere den Zusammenhang zwischen Fundamentalismus und Gruppenzwang! Gehe dabei auch auf die Erkenntnisse des Asch-Experiments ein!*
Diskutiert die Ergebnisse im Klassenverband!

Weiter gedacht!

Aufgabe 5: *Überlege, wie man sich vor Gruppenzwang schützen kann. Notiere deine Gedanken!*
Erstellt in Gruppenarbeit ein Plakat zum Thema „Nein zu Gruppenzwang"!
oder
Stellt in einem Rollenspiel eine Szene dar, in der Gruppenzwang ausgeübt wird. Zeigt, wie man sich erfolgreich gegen Gruppenzwang behaupten kann!

Lösungen

1 Was versteht man unter Fundamentalismus?

Aufgabe 2:
a. „Fundamentum“ ist das lateinische Wort für „Unterbau“. Das Fundament bilden religiöse oder politische Einstellungen.
b. Fundamentalisten halten starr an ihren Grundsätzen fest. Diese liefern Antworten auf Fragen, die sich im Alltag stellen. Fundamentalisten passen sich nicht an und reagieren stur auf Ereignisse. Änderungen und Neuerungen sind für Fundamentalisten eine Bedrohung und werden abgelehnt. Auch gegenüber Menschen, die andere Überzeugungen und Ansichten haben, sind sie sehr skeptisch eingestellt.
c. Die meisten Fundamentalisten lehnen eine freiheitliche, demokratische Staatsordnung ab, da in einer Demokratie viele verschiedene Meinungen, Überzeugungen, Werte und Weltanschauungen einen festen Platz haben.

Aufgabe 3/4: individuelle Lösungen

Aufgabe 5: Richtig:
- Wunsch, andere Menschen zu überzeugen
- Ansicht, dass es nur „Freunde“ oder „Feinde“ gibt
- ungläubig gegenüber wissenschaftlicher Erkenntnis
- Bereitschaft, Gewalt anzuwenden
- Glaube an die „eine Wahrheit“
- stures Festhalten an bestimmten Werten

Aufgabe 6: individuelle Lösungen

Aufgabe 7: Mögliche Folgen können sein, dass es zu einer Häufung von Konflikten kommt. Diese Konflikte können eskalieren. Kriegerische Auseinandersetzungen sind realistisch. Sollten Fundamentalisten politische Macht erhalten, so kann dies zu einer anti-demokratischen Herrschaft führen.

2 Welche Fundamentalisten gibt es?

Aufgabe 2: Es gibt religiösen Fundamentalismus, unter anderem christlicher, jüdischer („Charedim“), islamischer („Islamisten“) und hinduistischer Prägung.

Aufgabe 3: Diese fundamentalistischen Gruppierungen haben jeweils eine Religion als Grundlage. Gegenüber anderen Angehörigen dieser Religion grenzen sie sich aber ab, da sie jeweils die Überzeugung haben, dass ihre Weltanschauung die einzig richtige ist.

Aufgabe 4/5: individuelle Lösungen

Aufgabe 6:

	wahr	falsch
a. Alle Fundamentalisten glauben an eine Religion.		X
b. Fundamentalistische Überzeugungen sind immer religiös.		X
c. Es gibt auch christliche Fundamentalisten.	X	
d. Islamische Fundamentalisten bezeichnet man als Islamisten.	X	
e. Der hinduistische Fundamentalismus spielt in Indien eine große Rolle.	X	
f. Alle Muslime wollen einen Gottesstaat errichten.		X
g. Jüdische Fundamentalisten stellen eine einheitliche Gruppe dar.		X

a. Alle Fundamentalisten glauben an ~~eine Religion~~ **bestimmte Überzeugungen**, die die Grundlage für ihr Handeln darstellen.
b. Fundamentalistische Überzeugungen sind ~~immer religiös~~ **religiöser oder politischer Art**.
f. ~~Alle Muslime~~ **Islamisten** wollen einen Gottesstaat errichten.
g. Jüdische Fundamentalisten stellen ~~eine~~ **keine** einheitliche Gruppe dar.

! Lösungen

Aufgabe 7: Mögliche Lösung:
Auch Heilige Schriften wurden von Menschen verfasst. Unter anderem in vielen christlichen Konfessionen gelten diese als „Gottes Wort in Menschenwort". Sie müssen sorgfältig gelesen und durchdacht werden. Die Lehren, die aus der Beschäftigung mit diesen Werken gezogen werden können, sind sehr wertvoll. Das selbstständige Denken sollte jedoch niemals vernachlässigt werden.

3 Warum werden manche Menschen zu Fundamentalisten?

Aufgabe 2: Mögliche Stichworte für die Wortkarten:
Sinnfragen – orientierungslos – Halt suchen – klare Regeln – dazugehören – richtig Handeln – Teil von etwas Großem

Aufgabe 3/4: individuelle Lösungen

Aufgabe 5: a. frustriert, traurig, verbittert
b. einfache Entscheidungen (ein Handeln ist richtig oder falsch).
c. gleich

Aufgabe 6: Mögliche Lösung:
Hilfreich kann es sein, dass man das Gespräch sucht, sowie Wertschätzung und Respekt entgegenzubringen. Radikalisierungen müssen frühzeitig erkannt werden und Fachstellen sollten informiert werden, um Schlimmeres zu verhindern.

Aufgabe 7: Individuelle Lösungen

Beispiel:
Hilfe einfordern
Internet
Lachen
Freunde
Eltern

4 Ist Fundamentalismus gefährlich?

Aufgabe 2: Da die Befolgung der Dogmen (= Glaubenssätze/Überzeugungen) für einen Fundamentalisten zur Pflicht gehört, sind Konflikte mit Andersdenken vorprogrammiert. Da Fundamentalisten von ihrer Einstellung so sehr überzeugt sind, dass sie keine anderen Meinungen zulassen, läuft es auf einen Kampf zwischen „Gut" und „Böse" hinaus.
Fundamentalisten sind Feinde der Demokratie. Fundamentalisten lehnen viele Menschenrechte ab, wie z. B. das Recht auf Glaubensfreiheit. Um ihre Ziele zu erreichen, schrecken Fundamentalisten häufig auch vor Gewalt nicht zurück.

Aufgabe 3: individuelle Lösungen

Lösungen

Aufgabe 4:

	wahr	falsch
a. Der Glaube an Gott ist eine Gefahr.		X
b. Religiöse Fundamentalisten zeigen meist Toleranz.		X
c. Fundamentalisten fühlen sich von Andersdenkenden bedroht.	X	
d. Fundamentalistische Gruppierungen lehnen die Demokratie als Herrschaftsform ab.	X	
e. Diskussionen mit Fundamentalisten sind meist sehr ertragreich.		X
f. Die Interessen der Gruppe sind bei Fundamentalisten wichtiger als die Interessen des Einzelnen.	X	

Aufgabe 5: Fundamentalisten lehnen meist die Demokratie ab. Sie argumentieren gegen diese und versuchen Schwächen aufzuzeigen. Gleichzeitig versuchen sie zu erklären, warum die Umsetzung ihrer Überzeugungen wichtig und richtig ist. Sie gehen auf Konfrontation mit Andersdenkenden. Konflikte können eskalieren. Die Anwendung von Gewalt, beispielsweise in Form von Terror und Krieg sind möglich.

Aufgabe 6: Der Staat hat das Gewaltmonopol und muss davon Gebrauch machen. Beispielsweise können verdächtige Personen durch den Verfassungsschutz beobachtet werden, sofern ein Anlass dazu besteht. Dies muss natürlich im Einklang mit Recht und Gesetz sein (Rechtstaatlichkeit). Außerdem ist es sinnvoll, wenn der Staat Präventionsarbeit leistet und Menschen hilft, bevor sie sich radikalisieren. Politische Bildung in Schulen ist besonders wichtig.

Aufgabe 7: Diese Frage ist nicht eindeutig zu beantworten und wird sehr kontrovers diskutiert. Ein typisches Argument, das für eine größere Bedrohung durch gewaltbereite Fundamentalisten spricht, ist, dass durch Gewaltanwendung Leib und Leben bedroht wird und somit eine akute Gefährdung vorliegt, die unter Umständen den gesellschaftlichen Zusammenhalt beeinflusst. Ein typisches Argument, welches für eine größere Bedrohung durch gewaltablehnende Fundamentalisten spricht, ist, dass diese politisch mehr Einfluss erlangen und somit die Demokratie von innen aushöhlen können, indem Grundlagen der Demokratie (Menschenwürde, Menschenrechte usw.) aufgeweicht werden.

5 Was kann man gegen Fundamentalismus machen?

Aufgabe 2: Um also zu verhindern, dass fundamentalistische Gruppen Zulauf finden, ist es sinnvoll, die Ursachen für die Probleme zu beseitigen, wie z. B. Armut, Entrechtung, Perspektivlosigkeit, Verzweiflung usw. Nur wenn man sich mit den Sorgen, Nöten und Ängsten der Menschen auseinandersetzt, kann man verhindern, dass der Fundamentalismus zunimmt.

Aufgabe 3–7: individuelle Lösungen

Lösungen

6 Woran glauben christliche Fundamentalisten?

Aufgabe 2: Bibel als direktes Wort Gottes – Kreationismus – Ablehnung von Homosexualität – Ablehnung von Abtreibung – Körperliche Strafen – Konfessionen werden abgelehnt

Aufgabe 3: Zum Beispiel: Abtreibung ist unter bestimmten Umständen erlaubt, die gleichgeschlechtliche Ehe ist erlaubt, es herrscht Glaubensfreiheit, usw.

Aufgabe 4: Richtige Antworten:
- Die Welt wurde von Gott in sieben Tagen erschaffen.
- Gott verbietet Homosexualität. Diese ist eine große Sünde.
- Die Bibel ist das Wort Gottes und daher wörtlich zu verstehen.

Aufgabe 5: Wenn man Gewalt gegen andere Menschen anwendet, dann ist dies in der Regel nicht mit dem Gebot der Nächstenliebe vereinbar. Zudem diskriminieren Fundamentalisten Andersdenkende. Diskriminierung ist ebenfalls kein Akt der Liebe.

Aufgabe 6: individuelle Lösungen

7 Woran glauben Islamisten?

Aufgabe 2:
- Die Scharia muss eingeführt werden, da diese das Gesetz Gottes ist.
- Strenge Vorschriften dienen den Gläubigen als Orientierung und Halt
- Die Gleichberechtigung von Mann und Frau wird abgelehnt.
- Ungläubige müssen bekämpft werden. Diesen Kampf nennt man Dschihad.
- Ein Gottesstaat ist die einzig legitime Herrschaftsform.

Aufgabe 3/4: individuelle Lösungen

Aufgabe 5: Muslime glauben an Gott. Sie richten ihr Leben ebenfalls an religiösen Geboten aus und befolgen die Gebote, die im Koran stehen. Im Gegensatz zu Islamisten suchen sie sich aber nicht nur einzelne Gesichtspunkte heraus, die überbewertet werden. Sie sind tolerant und friedfertig und akzeptieren andere Glaubensvorstellungen.

8 Woran glauben jüdische Fundamentalisten?

Aufgabe 3:
- einige Juden glauben, dass die Tora nicht interpretiert werden darf und dass die ursprünglichen Gesetze kompromisslos angewendet werden müssen
- Manche gehen sogar soweit, dass es für Männer und Frauen verschiedene Bürgersteige geben muss, Frauen strenge Kleidervorschriften einhalten müssen usw.
- Politisch bedeutsam ist auch, dass fundamentalistische Juden das Land Israel als „von Gott gegeben" ansehen und Andersdenkende, wie z. B. Palästinenser, nicht tolerieren
- Sie sehen sich selbst als das „von Gott auserwählte Volk" an und fühlen sich somit anderen Völkern überlegen

Aufgabe 4: Allgemein gelten im Judentum die heiligen Schriften nicht als das direkte Wort Gottes. Die Worte Gottes wurden in die Sprache der Menschen übertragen. Daher müssen sie sorgsam gedeutet und ausgelegt werden. Dem Tanach und dem Talmud darf nichts hinzugefügt oder entfernt werden, aber es ist im Judentum ganz selbstverständlich, dass es verschiedene Deutungen und Interpretationen gibt. Aus diesem Grund ist diese Religion für Fundamentalismus nicht sehr anfällig.

Aufgabe 5: Fundamentalistische Gruppierungen gießen Öl ins Feuer. Sie sorgen dafür, dass die Konflikte verschärft werden und die Eskalation von Gewalt zu erwarten ist.

Lösungen

9 Woran glauben buddhistische Fundamentalisten?

Aufgabe 2: a. Durch die Anwendung von Gewalt wird karma erschaffen und somit der Weg in die Erlösung erschwert. Daher ist der Buddhismus eigentlich eine friedfertige Religion, aber es existiert ein kein eindeutiges Gewaltverbot.
b. In Sri Lanka führte diese Entwicklung dazu, dass die Sprache „Singhalesisch" als Staatssprache vorgeschrieben wurde. Die Minderheit der Rohynga Tamilen wurde stark diskriminiert.
c. Auch in Myanmar wird die Religion für politische Zwecke ausgenutzt.
Dort wurden „Gesetze zum Schutz des Buddhismus in Myanmar" erlassen.

Aufgabe 3: a. Durch die Anwendung von Gewalt wird karma erschaffen und somit der Weg in die Erlösung erschwert.
b. Es gibt kein eindeutiges Gewaltverbot. Im Lauf der Geschichte haben viele Buddhisten festgestellt, dass sie möglicherweise von anderen Religionen verdrängt werden und der Buddhismus ausstirbt, wenn sie nicht dafür kämpfen.
c. In Sri Lanka führte diese Entwicklung dazu, dass die Sprache „Singhalesisch" als Staatssprache vorgeschrieben wurde. Die Minderheit der Tamilen wurde stark diskriminiert.
Auch in Myanmar wird die Religion für politische Zwecke ausgenutzt.
Dort wurden „Gesetze zum Schutz der Ethnie und Religion in Myanmar" erlassen, Diese verbieten unter anderem „Mischehen". Es ist offensichtlich, dass damit insbesondere die muslimische Minderheit der Rohingya im Norden des Landes diskriminiert werden soll.

Aufgabe 4: Individuelle Lösungen

Aufgabe 5: Unterdrückung führt zu großem Leid sowie seelischem Schaden. Vorherrschende Konflikte werden verschärft. Es besteht die Gefahr, dass es zu Gewaltanwendungen kommt und die Situation eskaliert.

Aufgabe 6: Gemeinsamkeiten:
- streben eine reine Religion an
- Religion wird für politische Zwecke missbraucht
- Gewaltbereitschaft
- Gegenbewegung zur europäischen Kolonialisierung und „Verwestlichung"

Unterschiede:
- Die zugrunde liegenden Religionen unterscheiden sich
- Islamistische Gruppen verüben auch im Ausland terroristische Anschläge
- Buddhistische Fundamentalisten handeln örtlich eher begrenzt

10 Kreationismus und Evolutionslehre

Aufgabe 2: Kreationisten, also die Anhänger des Kreationismus, behaupten, dass die Erde vor einigen Tausend Jahren erschaffen wurde. Sie gehen auch von der Existenz einer Sintflut aus, bei der die meisten Menschen und Tiere umgekommen seien. Kreationisten lehnen die Evolutionstheorie ab.
Unter Evolution (vom lateinischen Wort „evolvere" = „herausrollen", „auswickeln", „entwickeln") versteht man die allmähliche Veränderung der vererbbaren Merkmale einer Gruppe von Lebewesen von Generation zu Generation. Durch diese Veränderungen können aus einer Art mehrere Arten entstehen.

Aufgabe 3/4: individuelle Lösungen

Aufgabe 5:

Kreationismus	Evolutionslehre
– Die Welt wurde in sieben Tagen erschaffen. – Die Entstehung der Welt ist in der Bibel naturwissenschaftlich richtig dargestellt. – Tier- und Pflanzenarten sind unveränderlich und von Gott so geschaffen worden, wie sie sind.	– Tier- und Pflanzenarten entwickeln sich ständig weiter. – Die Entwicklung der Arten ist abhängig von Mutation und Selektion. – Der Mensch ist nicht aus dem Nichts entstanden, sondern hat dieselben Vorfahren wie die heutigen Menschenaffen.

Aufgabe 6: Individuelle Lösungen

KOHL VERLAG Fundamentalismus Bedrohung für die Demokratie – Bestell-Nr. 12 972

Lösungen

11 Drei Beispiele für fundamentalistische Gruppen

Lord's Resistance Army – Christliche Fundamentalisten

Aufgabe 1: Individuelle Lösungen

Aufgabe 2: Die Lord's **Resistance** Army (kurz: LRA; auf Deutsch „**Widerstandsarmee** des Herrn") wurde 1987 unter der Führung von Joseph **Kony** im Norden **Ugandas** gegründet. Sie kämpfte gegen die **ugandische** Regierung unter Yoweri Museveni. Nach ihrem Selbstverständnis ist die LRA eine **militärisch** organisierte Gruppe, die im Grenzgebiet zwischen der Zentralafrikanischen Republik, der Demokratischen Republik Kongo und **dem Südsudan** für die Errichtung **eines Gottesstaates** kämpft. Dieser soll auf den **Zehn** Geboten **der Bibel** basieren.

Aufgabe 3: Fundamentalisten ignorieren solche Widersprüche. Sie erschaffen sich ein eigenes Weltbild, das sehr widersprüchlich ist. Vernunft und Verstand haben in dieser Weltanschauung keinen Platz.

Aufgabe 4: Sobald sich eine Demokratie nur noch an einer Religion orientiert, wird diese zum Maßstab und zur Richtschnur. Unweigerlich ist dadurch die Meinungs- und Glaubensfreiheit gefährdet. Der Weg in die Aushebelung der Menschenrechte wird geebnet. Diskriminierungen, Unterdrückungen und der Gewaltanwendung gegen Andersdenkende werden Tür und Tor geöffnet.

Islamischer Staat

Aufgabe 1:

Islamischer Staat

Gründung: 2003

Ziele: Gründung eines Kalifats

Mittel zur Erreichung der Ziele:

Bürgerkrieg, Terroranschläge

Rechtliche Grundlage: Scharia

Feinde: Ungläubige

Aufgabe 2: Individuelle Lösungen

Aufgabe 3:

	wahr	falsch
a. Der Islamische Staat war im Iran und in Syrien aktiv.		X
b. Der Islamische Staat ist eine Gruppe schiitischer Muslime.		X
c. Der Islamische Staat orientiert sich an bestimmten Aussagen des Korans.	X	
d. Der Islamische Staat möchte die Scharia einführen.	X	
e. Der Islamische Staat möchte einen Gottesstaat, ein sog. Kalifat errichten.	X	
f. Der Islamische Staat wird des Völkermordes beschuldigt.	X	

a. Der Islamische Staat war im ~~Iran~~ **Irak** und in Syrien aktiv.
b. Der Islamische Staat ist eine Gruppe ~~schiitischer~~ **salafistischer** Muslime.

Aufgabe 4/5: individuelle Lösungen

Lösungen

Boko Haram – eine nigerianische Terrorgruppe

Aufgabe 1: Terrorgruppe – Kalifat – Scharia – Gewalt – Unterdrückung von Frauen – Ablehnung von Wissenschaft – Bekämpfung von Feinden – Dschihad

Aufgabe 2: Boko Haram ist eine fundamentalistische Gruppe, die stur an bestimmten Überzeugungen festhält. Gewalt wird angewendet. Die Welt wird in Freund und Feind unterteilt. Andersdenkende werden angefeindet und diskriminiert. Menschenrechte werden abgelehnt, ebenso die Demokratie.

Aufgabe 3: Individuelle Lösungen

Aufgabe 4:

Merkmale	Zutreffend?	Textstelle
Wunsch, andere Menschen zu überzeugen	X	Keine direkte Textstelle vorhanden, aber die Anwendung von Terror zur Einschüchterung kann als Überzeugungsabsicht verstanden werden.
Ansicht, dass es nur „Freunde" oder „Feinde" gibt	X	„Sie lehnen andere Religionen strikt ab und bekämpfen diese."
ungläubig gegenüber wissenschaftlicher Erkenntnis	X	„Wissenschaft und Bildung müssen ebenfalls ihrer Weltvorstellung entsprechen. Daher werden Universitäten angegriffen."
Bereitschaft, Gewalt anzuwenden	X	„Bislang wurden ungefähr 20.000 Menschen getötet und ca. 2,6 Millionen in die Flucht getrieben."
Glaube an die „eine Wahrheit"	X	„Offiziell trägt die Terrorgruppe seit 2009 den Namen Jama'atu Ahlis Sunna Lidda'awati wal-Jihad, was übersetzt ‚Vereinigung der Sunniten für den Ruf zum Islam und für den Dschihad' bedeutet."

Aufgabe 5: Individuelle Lösungen

12 Salafismus in Deutschland

Aufgabe 2/3: individuelle Lösungen

Aufgabe 4: Wunsch, andere Menschen zu überzeugen; Ansicht, dass es nur „Freunde" oder „Feinde" gibt; ungläubig gegenüber wissenschaftlicher Erkenntnis; Bereitschaft, Gewalt anzuwenden; Glaube an die „eine Wahrheit"

13 So gewinnen Salafisten Anhänger

Aufgabe 2/3: individuelle Lösungen

! Lösungen

14 Wie kommt es zur Radikalisierung?

Aufgabe 2: a. Vorstellung, dass der Mann eine Vorrangstellung in Familie und Gesellschaft einnimmt.
b. Weltanschauung
c: einer Person eine Meinung aufdrängen
d: jemand, der sich für seine Überzeugung opfert

Aufgabe 3:

Phase der Prä-Radikalisierung	Phase der Identifikation	Phase der Indoktrination	Phase des Dschihad
– Es besteht eine Kluft zwischen demokratischer Welt und familiären Umfeld – Die Betroffenen erleben Situationen von Diskriminierung	– Fundamentalistische Lesart des Koran – Suchen nach Sinnfragen werden im Glauben gefunden	– Laienprediger bestärken die Sinnsuchenden – Soziale Kontakte abbrechen	– Rückzug aus salafistischem Umfeld – Vorbereitung von Anschlägen

Aufgabe 5: Individuelle Lösungen

15 Das Ferienlager-Experiment

Aufgabe 2:
- Phase 1: Gruppenbildung stärken; Wir-Gefühl erschaffen; Rituale etablieren
- Phase 2: „Feindbild" aufbauen; Wettbewerbssituationen schaffen; Konkurrenzdruck aufbauen
- Phase 3: Versuch der Versöhnung durch das gemeinsame Arbeiten an einem Ziel; nur das Arbeiten an einem Ziel führt zum Erfolg

Aufgabe 3: Individuelle Lösungen

Aufgabe 4: a. Ein Wir-Gefühl wird durch gemeinsame Aktivitäten herbeigeführt. Feindbilder können das Entstehen eines solchen Gefühls begünstigen.
b. Auch bei Fundamentalisten ist eine besonders starke Gruppenidentität ausgeprägt, die sich durch das Freund-Feind-Schema zunehmend verfestigen.

Aufgabe 5: Eigentlich müsste man sich, wenn man sich an dem Ferienlager-Experiment orientiert, mit Fundamentalisten zusammensetzen, das Gespräch suchen und versuchen gemeinsame Ziel zu benennen, die kooperativ erreicht werden. Da radikale Fundamentalisten die Meinung Andersdenkender nicht tolerieren und ihr Weltbild ungern ins Wanken bringen, ist dies bei einer ausgeprägten Form des Fundamentalismus wohl unwahrscheinlich.

Aufgabe 6: Individuelle Lösungen

Lösungen

16 Das Asch-Experiment

Aufgabe 2: Eine Versuchsperson soll die Länge von Linien vergleichen. Da andere Teilnehmer eine bestimmte Auffassung äußern und diese entschieden vertreten, wird ein großer Teil der Versuchspersonen verunsichert. Diese geben an, dass die Linie eine Länge aufweist, die nicht der Wirklichkeit entspricht, obwohl dies gegen ihre eigene Wahrnehmung spricht.

Aufgabe 3: Individuelle Lösungen

Aufgabe 4: Der Gruppenzwang, auch Konformitätsdruck genannt, führt dazu, dass man sich der Mehrheit anschließt. Möglicherweise versucht man dadurch, Konfrontationen und Konflikte zu vermeiden und Streit zu verhindern. Man fügt sich aus Angst und Unsicherheit der vorherrschenden Meinung. Ist der Fundamentalismus in bestimmten Regionen besonders ausgeprägt, so führt dies dazu, dass Minderheiten sich der Mehrheit anschließen und die Interessen der Fundamentalisten vertreten. Dies kann die Ausweitung des Fundamentalismus begünstigen.

Aufgabe 5: Individuelle Lösungen